다음 세대를 생각하는
인문교양 시리즈

아우름 24

헌법,
우리에게 주어진 놀라운 선물

알아 두면 쓸모 있는 헌법 이야기

조유진 지음

샘터

헌법은 핵보다 강하다

이 책의 원고를 한창 쓰고 있을 때 북한의 대륙간탄도미사일 발사와 6차 핵실험이 있었습니다. 아직도 끝나지 않은 한국전쟁, 우리는 그 속에서도 지난 70년 동안 대한민국 헌법의 가치를 수호하고 실현하기 위해 온 국민이 함께 달려왔습니다. "펜은 칼보다 강하다"라는 말이 있습니다. 저는 이 말을 이렇게 바꿔 보겠습니다. "헌법은 핵보다 강하다"라고.

세계를 이끌어 온 것은 무기의 힘이 아니라 인간 정신의 힘입니다. 역사는 때로는 후퇴하는 것처럼 보이고, 때로는 같은 자리를 맴도는 것 같지만 거시적인 안목에서 보면 반드시 전진합니다. 그 방향은 언제나 인간의 자유가 확대되는 쪽을 향하고 있습니다. 서구의 시민혁명으로 처음 지구상에 등장한 헌법은 이후 모든 지구인이 공유하는 자유와 평등의 경전으로 발전해 왔고, 지금도 발전하고 있습니다. 그 앞에서는 철옹성 같던 신분제도와 계급제도의 벽도 속절없이 무너졌고, 난공불락처럼 여겨지던 무수한 독재자들도 흔적 없이 사라졌습니다.

헌법은 인류 5천 년 지혜의 결정체이며, 또 앞으로 건설할 새로운 지구촌 문명의 출발점이기도 합니다. 헌법이 위대한 이유는 세계의 중심이 국가권력이 아닌 모든 개인에게서 출발한다는 원리 때문입니다.

헌법이 나오기 이전의 모든 법은 금지의 규범이었습니다. 헌법이 등장함으로써 비로소 법은 자유의 규범이 되었습니다. 그러나 이와 같은 헌법의 구상이 아직 완전히 실현된 것은 아닙니다. 여전히 세계 곳곳에는 부당한 억압과 지배, 불의와 불공정으로 고통받는 사람들이 있습니다. 그렇기 때문에 헌법은 끊임없이 학습되고 토론되고 재해석되고 주장되어야 합니다. 헌법이 모든 사람의 상식이 되고, 헌법 구절이 일상적인 언어로 대중화된다면 어떠한 권력도 감히 국민을 지배하려 들지 못할 것입니다.

이 책은 오늘날 모든 민주주의국가에서 사용하는 헌법의 공통된 생각과 가치를 실제 사례를 통해서 독자들에게 쉽고 재미있게 전달할 목적으로 집필하였습니다. 그래서 골치 아픈 법조문 해석이나 이론은 최소화하고, 대신 독자들과 대화를 나누고 이야기를 풀어 가는 방식으로 서술하려고 노력했습니다. 가급적이면 독자들의 기억에 생생한 최근 사례를 동원하여 시사 문제에 헌법이 어떻게 적용되는지를 확인할 수 있도록 하였습니다.

그동안 시민들을 대상으로 헌법 강좌를 해오면서 헌법에 대한 학계나 법조계의 관심사와 일반인의 관심사가 매우 다르다는 사실을 알았습니다. 학계나 법조계가 주로 헌법에 등장하는 개념의 추상적인 의미와 이론적인 정합성에 관심을 더 기울인다면, 일반인들은 헌법이 구체적으로 일상생활에서 어떤 의미를 가지고 어떻게 작용하는지에 관심이 많습니다. 그래서 이 책은 가급적 일반인의 관점에 맞는 주제를 선정하였습니다.

1장 '헌법적 사고방식'은 헌법을 공부하기 위한 두뇌 체조에 해당합니다. 헌법을 이해하려면 헌법이 왜 존재하는지, 국가가 무엇인지, 국가와 개인의 관계는 어떠한 것인지에 대해 이해할 필요가 있습니다. 어려운 내용은 아니지만 제대로 이해하지 못하면 헌법을 이해하는 데 혼선을 줄 수 있으므로 기초공사를 하는 마음으로 읽어보길 권합니다.

2장 '헌법으로 세상에 맞서다'는 우리 사회가 당면한 현안 가운데 개인의 권리와 직결된 소재를 중심으로 서술하였습니다. 양심의 자유, 표현의 자유, 알 권리, 비정규직 문제, 주택 문제, 육아휴직 등은 일상생활에서 자주 접하게 되는 문제임에도 개인의 권리를 침해하는 일이 당연시되기도 합니다. 헌법의 틀에서 본다면 이 세상에 결코 당연한 문제는 없다는 것을 실감할 수 있을 것입니다.

3장 '헌법과 함께하는 미래'는 급격한 사회 변화로 새롭게 대두되고 있는 생명, 혐오 표현, 양성평등, 로봇과 인공지능, 환경문제, 개인정보 보호 등의 이슈를 헌법이라는 내시경을 통해서 살펴보았습니다. 미래 사회에는 과학기술의 발달로 인하여 우리가 전혀 예상치 못한 새로운 사회현상이 나타날 가능성이 있으며, 이미 변화의 조짐을 보이는 사례도 많습니다. 이러한 변화가 우리에게 미치는 영향과 예상되는 문제들을 헌법의 시각에서 미리 살펴본다면 보다 나은 미래를 열어 가는 데 도움이 될 것입니다.

영화 〈아이언맨〉에는 주인공이 최첨단 과학기술로 설계된 강철 슈트를 입고 악당을 물리치는 장면이 나옵니다. 헌법은 국가라는 강철 슈트를 내 것으로 만들어 입고 작동시키는 소프트웨어입니다. 소프트웨어는 반드시 사용자가 호출하여 실행할 때에만 기능을 발휘합니다. 헌법도 마찬가지입니다. 이 책이 헌법이라는 강력한 소프트웨어를 여러분의 것으로 만드는 데 작은 안내자 역할을 하게 되길 바랍니다. 감사합니다.

처음헌법연구소에서

조유진

| 차례 |

3장. 헌법과 함께하는 미래

1장.

헌법적
사고방식

메피스토펠레스와의
계약

독일 작가 괴테의 《파우스트》에는 메피스토펠레스라는 이름의 악마가 등장합니다. 이 악마는 늙은 파우스트 박사에게 젊음을 돌려주겠다고 약속하고는 그 대가로 영혼을 달라고 요구합니다. 파우스트 박사는 이 제안을 수락하고 악마와 계약을 체결하게 됩니다. 대작《파우스트》의 이야기는 이렇게 시작됩니다. 만약 메피스토펠레스가 21세기의 유엔총회장에 나타나서 세계의 모든 전쟁과 기아를 없애 줄 테니 매년 일곱 명을 제물로 바치라고 요구했다고 가정합시다. 여러분이라면 이 제안을 받아들이겠습니까? 아니면 거부하겠습니까?

이는 자유의 본질에 관한 매우 중요한 질문입니다. 영국의 공리

헌법, 우리에게 주어진 놀라운 선물

주의자 벤담은 사회의 존재 이유가 '최대 다수의 최대 행복'을 이루기 위한 것이라고 생각했습니다. 이러한 관점에서 본다면 메피스토펠레스의 제안을 받아들여야 할 것 같습니다. 매해 전쟁과 기아로 죽어 가는 수만 명을 살릴 수 있다면 일곱 명의 희생은 감수할 수 있는 것 아니냐고 생각할 수 있습니다. 과연 메피스토펠레스와의 계약으로 세계는 진정 행복해진다고 할 수 있을까요? 일곱 명의 생명은 수만 명의 생명보다 덜 소중한 것일까요? 만약 일곱 명의 제물 가운데 자신이 포함되었다고 가정해 봅시다. 그때에도 다수를 위한 희생이므로 메피스토펠레스와의 계약이 옳다고 생각할 수 있을까요?

우화 형식을 빌려 얘기했지만 실제로 지금 순간에도 일어나고 있는 일입니다. 자유를 포기하고 복종하면 그 대가로 잘 먹고 잘 살게 해주겠다고 제안하는 독재자들이 바로 메피스토펠레스와 같은 존재들입니다. 헌법은 이 같은 메피스토펠레스들의 제안을 거부하면서 등장하였습니다.

우리가 생각하는 행복감은 단지 생물학적 욕구를 충족시킬 때 발생하는 감각적 쾌락에 불과한 것이 아닙니다. 물론 행복을 위해서는 감각적 쾌락도 필요합니다. 하지만 참된 행복을 누리기 위해서는 한 차원 높은 단계의 조건이 반드시 필요합니다. 그것이 바로 '자유'입니다. 자유란 누구에게도 지배당하지 않고, 누구에게도 복종하지 않으며, 자신의 삶을 자기 뜻에 따라 영위할 수 있는 상태를 말합니다. 자유가 보장되지 않는다면 제아무리 많은 감각적 쾌락을 누린다 하더라도 참된 행복을 맛볼 수 없을 것입니다.

감옥에 갇힌 사람의 삶은 어떻게 보면 수도자의 삶과 비슷합니다. 그러나 감옥에서 십 년, 아니 백 년을 지낸다 하더라도 깨달음이나 구원을 얻기란 지극히 어려운 일일 것입니다. 그에게는 감옥 밖으로 나갈 자유가 없기 때문입니다. 감옥 안의 삶은 처음부터 끝까지 타인에 의해 설계되고 통제된 대로 영위될 뿐입니다. 오랫동안 사육장에 갇혀 지낸 동물을 초원에 풀어놓으면 덩실덩실 춤추듯 뛰어다니는 모습을 볼 수 있습니다. 이는 자유가 인간은 물론이거니와 모든 살아 있는 존재에게 얼마나 소중한 가치인가를 단적으로 보여줍니다.

메피스토펠레스와의 계약을 수락할 것인가, 거부할 것인가의 기로에서 인류는 후자를 택했습니다. 남에게 내 운명을 의탁하기보다 스스로 내 삶을 살겠다는 자립의 의지, 그리고 이 세상을 내가 살 만한 곳으로 만들겠다는 선언이 곧 헌법정신입니다. 자유는 본질적으로 위험과 불확실성을 동반합니다. 오히려 가장 안전한 곳은 감옥이나 사육장일 것입니다. 그러나 자유로운 영혼의 소유자라면 위험과 불확실성이 두려워 자신의 자유를 포기하는 선택은 하지 않을 것입니다. 오히려 위험과 불확실성을 극복해 내면서 살아 있음을 느끼고, 자유가 얼마나 멋지고 아름다운가를 경험하는 길을 택할 것입니다.

미국독립혁명의 지도자 패트릭 헨리는 1775년에 열린 한 대중집회 연설에서 "자유가 아니면 죽음을 달라"고 외치며 영국과의 개전을 주장했습니다. 영국의 압제에 시달리면서 노예처럼 사느니 자유를 위해 싸우다 죽는 게 낫다는 각오의 표현이었습니다. 그로부터 13년 뒤 미국은 영국으로부터 완전히 독립하여 세계 최초의 성문헌법인 미합중국헌법을 만들었습니다. 이는 메피스토펠레스와의 영원한 결별을 선언한 상징적 사건이라고 할 수 있습니다.

자유는 모든 사람에게 주어진 자연적 권리입니다. 자연적 권리를 얼마나 값지고 풍부하게 활용하느냐 하는 것은 우리 선택에 달려 있습니다. 헌법은 '자유의 바이블'입니다. 개인의 자유는 거래의 대상이 될 수 없습니다. 그것은 마치 생명이 거래의 대상이 될 수 없는 것과 같습니다. 생명이 육체의 자유라면, 자유는 정신의 생명입니다.

사람의 생명과 자유를 수학적으로 표현하면 '무한대'가 될 것입니다. 무한대에는 1을 곱해도 무한대이고, 1억을 곱해도 무한대입니다. 한 사람의 생명과 1억 명의 생명은 그 경중을 따질 수 없습니다. 그러므로 일곱 명의 생명을 바치면 전 인류를 구해 주겠다는 메피스토펠레스의 제안은 거래의 대상이 될 수 없는 것을 가지고 거래를 하자는 것으로 그 자체로 불법 거래인 것입니다.

괴테는 24세에 독일 민족의 전설에 착안한 《파우스트》를 집필하기 시작하여 60년 만에 완성했습니다. 전설에서는 메피스토펠레스에게 영혼을 판 파우스트 박사가 지옥으로 떨어지는 결말이지만, 괴테는 이 비극적 결말을 희망적인 것으로 바꿔 놓았습니다. 괴테는 《파우스트》의 마지막 부분에서 "인간은 노력하는 한 방황한다"라고 말합니다. 방황은 자유에 수반되는 아픔입니다. 자유가 없는 존재에게는 방황도 없습니다. 그러나 인간을 해방하는 것은 결국 방황 속에 내재된 자유의 힘일지도 모릅니다. 악마 메피스토펠레스와 체결한 계약마저도 인간을 속박하지는 못합니다. 인간은 반드시 자유를 쟁취할 것이기 때문입니다.

양들의
침묵

늦대 네 마리와 양 두 마리가 살고 있었습니다. 처음에 이들은 평화롭고 풍족하게 살았습니다. 그런데 언제부터인가 먹을거리가 부족해졌습니다. 가뭄이 들어 양들의 먹이인 풀이 말라붙고, 풀이 말라붙자 늦대들이 좋아하는 토끼가 줄어들었습니다. 늦대들과 양들은 모두 모여서 대책을 논의하기로 했습니다. 한 늦대가 먼저 말했습니다.

"아무리 생각해도 방법이 없는 것 같아. 양들을 잡아먹자!"

그러자 당황한 양들은 항의했습니다.

"우리를 잡아먹겠다니! 제정신이야?"

늦대들과 양들은 갑론을박하다가 결국 표결에 부치기로 했습니다. 당연히 투표 결과는 4 대 2로 양들을 잡아먹자는 의견이 우세했습니다. 결국 양들은 모두 늦대들의 밥이 되고 말았습니다. 동물을 예로 들었지만 이런 일은 사람들 사이에서도 종종 벌어집니다. 다수와 소수의 생각이 다를 때 조화로운 해결방안을 마련하기보다는 다수에 의해 일방적으로 결정되는 경우가 적지 않습니다. 이때 소수의 생각이나 이익은 무시되기 십상입니다. 문명사회는 소수자와 사회적 약자의 이익을 소홀히 다루지 않을 때 존재할 수 있습니다. 소수자와 사회적 약자의 입장이 다수자와 강자의 힘에 눌려 무시당한다면 그런 사회를 문명사회라고 말하기는 어렵습니다.

중국의 사상가 노자는 "천하의 큰일은 반드시 작은 것에서 일어난다. 성인은 끝내 큰일을 추구하지 않음으로써 마침내 크게 이룬다"라고 말했습니다. 일찍이 작은 것의 소중함을 알아차린 것입니다. 작은 것을 소홀히 하면 큰 것을 이룰 수 없다는 발상이 문명의 씨앗입니다. 작은 것을 무시하고 홀대하면 그때부터 야만이 활개를 치게 됩니다.

사회는 얼핏 보면 힘 있는 다수가 움직이는 것 같지만 사실은 그렇지 않습니다. 예컨대 이민자들은 사회적으로 약자이지만 그들의 문화적 배경이나 다양한 네트워크는 경제에 중요한 활력소로 작용할 수 있습니다. 한편 힘 있는 기득권층은 편하고 안정적인 기존 가치관에 함몰되어 새로운 아이디어를 발휘하는 데 취약한 반면, 서민층은 불편하고 불안정한 사회를 다양한 시각에서 극복하려는 혁신적 발상으로 사회를 발전시키는 데 기여할 수 있습니다. 약자를 배려하고 이들과 공존을 모색하는 것은 인간 본성에 부합하며 과학적이고 이성적인 태도라 할 수 있습니다. 끊임없이 변화하는 인간사회에서는 다수가 소수가 될 수도 있고, 강자가 약자의 위치에 처하게될 수도 있습니다. 현재 자신이 강자나 다수의 위치에 있다고 해서약자나 소수를 소홀히 대하는 것은 미래에 자신이나 후손들이 반대상황에 처했을 때 똑같이 홀대받을 수 있다는 사실을 외면하는 어리석은 행위입니다.

국가의 최고 규범인 헌법은 무엇보다도 약자와 소수자를 보호하는 데 중요한 사명을 띠고 있습니다. 헌법은 기존 질서에 대한 사회적 약자의 불만이 시민혁명으로 촉발하면서 탄생했습니다. 헌법이 생겨나기 이전의 법규범은 사회 구성원의 행동을 금지하고 명령하는 것이 주된 내용이었습니다. '법 없이도 살 수 있는 사람'이라는 표현은 기존 질서에 순응적이고 권위에 복종적인 사람을 일컫는 말이기도 하였습니다.

헌법은 금지와 명령 대신 모든 사람이 당연히 누려야 하는 자유와 권리를 선언했습니다. 약자와 소수자가 강자와 다수자와 똑같이 보호받아야 함을 명시하고 있습니다. 특히 사회가 더욱더 복잡해지고 다양한 이해관계로 충돌하면서 약자와 소수자를 보호하는 것이 헌법의 중요한 사명으로 인식되었습니다. 헌법에 명시된 신체의 자유는 국가권력의 담당자들, 즉 판검사나 경찰과 같이 공권력을 집행하는 사람들보다는 스스로를 보호할 힘이 없는 약자들에게 더 의미가 있는 조항이 될 수밖에 없습니다. 헌법상 표현의 자유(언론·출판의 자유와 집회·결사의 자유)는 정부에 우호적인 사람들보다는 비판적인 의견을 가진 사람들에게 더욱 의미가 있는 법적 보호 장치입니다. 정부에 비판적인 사람들의 표현의 자유가 직간접적으로 위축되거나 탄압받을 가능성이 높기 때문입니다. 양심의 자유도 마찬가지입니다. 기존 질서에 비판적이거나 반대 의견을 내는 사람들은 양심대로 행동할 자유를 억압받을 가능성이 많습니다. 헌법에 규정된 양심의 자유는 바로 이들의 선택과 의견이 존중될 때 비로소 제대로 보장된다고 할 수 있습니다.

헌법이 올바르게 해석되고 적용되고 있는지를 판단하는 중요한 척도가 있습니다. 바로 약자와 소수자의 자유와 권리가 어느 정도로

헌법, 우리에게 주어진 놀라운 선물

보장되고 있는가 하는 점입니다. 약자와 소수자의 자유와 권리를 보장하지 못하는 헌법은 장식에 불과합니다. 이들의 권리가 다른 이들과 차별 없이 보장될 때 비로소 헌법이 실효적으로 작동하고 있다고 말할 수 있습니다.

헌법은 약자와 소수자를 보호하기 위해서 다양한 장치를 마련하고 있습니다. 크게 국민의 자유와 권리를 명시한 기본권 부분과, 국가조직과 운영의 원칙을 밝힌 통치구조 부분으로 나뉩니다. 약자와 소수자 보호는 기본권과 통치구조 부분 전체에 걸쳐서 일관되게 강조되고 있습니다. '무죄추정의 원칙', '적법절차의 원리', '국선변호인 제도'와 같은 권리는 직접적으로 공권력에 노출된 사람들에게 예외 없이 적용됨으로써 결과적으로 약자를 보호하는 수단으로 기능합니다. 또한 개헌을 하고자 할 때 반드시 국회 재적의원 3분의 2 이상의 찬성을 요구하는 것은 국회에서 소수의 의견을 무시한 개헌을 추진할 수 없도록 하려는 것입니다. 이 밖에도 국가가 사회적 약자를 직접적으로 배려할 것을 의무로 규정하고 있습니다. 여성과 연소자의 노동에 대한 특별한 보호, 근로자의 단결권·단체교섭권·단체행동권 보장, 신체장애자 및 질병·노령 기타의 사유로 생활능력이 없는 국민에 대한 국가의 보호 의무 등이 그것입니다. 이처럼 헌법은 다양한 방법으로 약자와 소수자를 보호하고 있습니다.

헌법의 사명은 약자와 소수자를 보호하는 데 있다고 말해도 과언이 아닙니다. 약자와 소수자의 권리가 존중될 때 비로소 모든 사람의 권리가 보장된다고 말할 수 있기 때문입니다. '양들의 침묵'은 헌법의 침묵을 의미합니다.

자유는
정육각형이다

평면을 빈틈없이 채울 수 있는 도형은 정삼각형, 정사각형, 그리고 정육각형 세 가지밖에 없습니다. 이 가운데 외부 충격에 가장 잘 견딜 수 있는 것은 힘을 고르게 분산시킬 수 있는 정육각형입니다. 그래서 정육각형 구조는 강인한 내구력을 필요로 하는 항공기나 차량, 건축물 등에 사용되기도 합니다.

생물이 만드는 정육각형 구조물 가운데 대표적인 것이 벌집입니다. 벌은 몸에서 분비되는 밀랍으로 벌집을 만드는데, 처음에는 원통형으로 만듭니다. 그런데 같은 크기의 원통이 밀집해 있으면 표면장력에 의해서 원통과 원통 사이의 빈 곳이 채워지고, 이 과정에서 정육각형 모양으로 완성된다는 것입니다. 원형은 단독으로 있을 때에는 가장 안정적이고 강인한 형태이지만 여러 개의 원통이 밀집하기 위해서는 정육각형 모양으로 바뀌지 않을 수 없습니다.

자유도 마찬가지입니다. 누구나 자유롭고 평등하게 태어나며 천부인권을 누립니다. 원래 모든 사람은 모자라지도 부족하지도 않은 완전한 자유권을 가지고 있습니다. 그러나 사회에서 남들과 어울려 살아가려면 나의 자유가 소중한 만큼 타인의 자유도 소중하다는 사실을 인정하지 않으면 안 됩니다. 이 때문에 자유는 원래의 원통 모양에서 정육각형 모양으로 바뀌어 가는 것입니다. 영국의 정치 철학자 밀은 《자유론》에서 '자유는 타인에게 해를 끼치지 않는 한 무엇이든지 할 수 있는 권리'라고 주장하며 자유의 사회적 한계를 언급했습니다.

인류가 개인이든 집단이든 그들 가운데 일부의 행동의 자유에 제한을 가할 수 있도록 보장하는 유일한 목적은 자기 보호에 있다. 문명사회의 어떤 구성원에게 그의 뜻을 거슬러 권력을 행사하는 것을 정당화하는 유일한 목적은 다른 사람들에게 해악을 미치는 것을 방지하기 위한 것이다. 물리적이든 도덕적이든 그 자신에게만 유익한 것만으로는 충분하지 않다. 그는 그에게 더

좋거나 더 행복해지기 위해서, 또는 다른 사람들의 의견에 의할 때 그렇게 하는 것이 현명하거나 옳다는 이유로 어떤 행위를 하거나 하지 않도록 강요당할 수는 없다. 어떤 사람의 행위 가운데 유일하게 사회에 복종해야 하는 부분이 있다면 그것은 다른 사람들과 관련된 부분이다. 단지 그 자신과만 관련된 부분에서는 그의 독립성은 절대적이다. 자기 자신, 자신의 몸과 마음에 대해서 개인은 주권자다.

타인에게 해악을 끼치지 않는다는 조건만 충족된다면 개인은 얼마든지 자유롭게 행동할 수 있다는 밀의 자유 개념은 오늘날 모든 민주국가 헌법의 근간을 이루는 사상적 배경입니다. 예를 들어 대한민국 헌법은 "국민의 모든 자유와 권리는 국가안전보장·질서유지 또는 공공복리를 위하여 필요한 경우에 한하여 법률로써 제한할 수 있다"라고 규정하는데, 이는 개인의 자유로운 행위가 국가안전보장이나 질서유지, 공공복리를 해치는 경우에는 다른 사람에게도 직접적인 피해를 입힐 수 있기 때문입니다. 그러나 이런 경우에도 함부로 개인의 권리를 제한할 수는 없고, 오직 국회에서 제정한 법률로써만 제한할 수 있게 하였습니다. 또한 여기에 "제한하는 경우에도 자유와 권리의 본질적인 부분을 침해해서는 안 된다"는 단서까지 더하여 개인의 자유를 제한하는 일에 더욱 신중을 기하도록 하였습니다.

다시 벌집 이야기로 돌아와 볼까요. 벌집을 자세히 관찰하면 수많은 개별 벌집의 크기가 일정하다는 것을 알 수 있습니다. 만약 벌집의 크기가 들쭉날쭉하다면 그 많은 벌집들이 정육각형을 이루면서 빈틈없이 공간을 메울 수 없을 것입니다. 개인의 자유도 마찬가지입니다. 만약 개인이 누리는 자유의 법적 크기가 사람마다 다르다면 자유의 기본단위라고 할 수 있는 개인은 존재할 수 없습니다. 보다 많은 자유를 누리는 사람에 의해서 그보다 적은 자유를 누리는 사람들의 자유가 파괴될 것이기 때문입니다. 이렇게 되면 개인이 모여 사는 사회가 제대로 기능하며 존재하기 어렵습니다. 마치 개별 벌집의 크기가 제각각 다르면 전체 벌집의 구조가 유지될 수 없는 것과 같은 이치입니다. 그러므로 개인의 자유는 당연히 평등을 전제로 합니다. 평등하지 않은 개인들 사이에서는 자유도 존재할 수 없습니다. 그러한 사회에서는 오직 소수의 자유인과 다수의 노예가 존재할 뿐입니다.

우리는 관찰을 통하여 자유와 평등이 자연계를 지배하는 법칙이라는 사실을 알 수 있습니다. 벌집의 균일한 상태만이 아닙니다. 생태계에는 식물과 초식동물, 육식동물이 서로 균형을 이루면서 존재하고 있습니다. 예컨대 자연 상태에서 사자가 무차별적으로 초식동물을 잡아먹어서 그들을 멸종시키는 일은 벌어지지 않습니다. 먹이

헌법, 우리에게 주어진 놀라운 선물

사슬에 의해서 모든 계층의 생물이 일정한 개체 수를 유지하고, 개체들은 자기에게 필요한 것 이상을 취하지 않습니다. 생태계는 자연재해나 인간의 생태계 파괴와 같은 외부 간섭이 없는 한 수천, 수만 년 동안 이어질 것입니다. 밤하늘의 별도 마찬가지입니다. 지구 둘레를 돌고 있는 허블 우주망원경으로 우주 공간의 어느 방향을 보아도 천체는 균일하게 분포되어 있습니다. 과학자들은 우주의 균일성, 즉 우주 공간의 천체들은 거시적으로 볼 때 고르게 분포하고 있다는 가설을 주장합니다.

자유는 인간뿐만 아니라 동물들도 바라는 것입니다. 평생 우리에 갇혀 지낸 소나 돼지를 바깥에 풀어놓아 주면 이곳저곳을 돌아다니며 주변 환경에 관심을 보입니다. 자유는 단지 사회학적 상상의 산물이 아니라 자연의 법칙입니다.

사회를 구성하는 자유롭고 평등한 개인은 타인에게 해를 끼치지 않기 위해 자신의 자유를 조금씩 양보하면서 정육각형 모양의 자유를 누리게 됩니다. 정육각형의 자유를 향유하는 개인들의 공존과 연대가 사회에 활력을 불어넣고 발전을 이끌어 냅니다. 자유가 정육각형 모양으로 유지되도록 하는 것은 우리 모두의 노력에 달려 있습니다. 우연인지는 몰라도 하얀 눈송이도 정육각형 결정으로 이루어져 있습니다. 자유의 모습과 닮은 정육각형은 그래서 아름답습니다.

인류 진화와
인간 존엄성의
역사

우리는 '인간의 존엄성'을 당연한 것으로 받아들입니다. 독일기본법 제1조는 "인간의 존엄성은 침해되지 아니한다. 모든 국가권력은 이 존엄성을 존중하고 보호할 의무를 진다"라고 규정하고, 일본헌법 제13조는 "모든 국민은 개인으로서 존중된다. 생명, 자유 및 행복추구에 대한 권리는 공공복지에 반하지 아니하는 한 입법 그 밖의 국정에서 최대한 존중된다"라고 하여 인간의 존엄을 헌법의 주된 가치로 선포하고 있습니다. 대한민국 헌법 제10조도 "모든 국민은 인간으로서의 존엄과 가치를 가지며 행복을 추구할 권리를 가진다. 국가는 개인이 가지는 불가침의 기본적 인권을 확인하고 이를 존중할 의무를 진다"라고 하여 인간의 존엄과 가치를 강조합니다.

이처럼 당연하게 여겨지는 인간 존엄성의 근거는 무엇일까요? 어쩌면 질문 자체가 의아하게 느껴질 수도 있습니다. 인간이 만든 법이니 당연히 인간의 존엄성을 강조하는 것 아니냐고 대답할 수 있겠지요. 그러나 역사를 돌이켜보면 모든 인간이 존엄하다는 생각이 결코 당연한 것은 아니었음을 알 수 있습니다. 서양에서는 시민혁명 이전에 왕이나 성직자, 귀족만이 존엄한 존재로 인정되었을 뿐, 하층민들은 기본적인 권리조차 보장받지 못했습니다. 마찬가지로 동양에서는 19세기 말에서 20세기 초에 접어든 뒤에야 모든 인간이 존엄하다는 인식이 보편화되었습니다. 모든 인간이 존엄하다는 생각이 널리 퍼지게 된 것은 100년에서 길게 잡아야 200년에 불과합니다.

고대 수렵채취 시대의 인류는 동물과 어울려 살아야 했고, 때로는 동물들에게 생명을 위협당하기도 했습니다. 그래서 특정한 동물을 신성시하며 부족의 수호신으로 모시기도 했습니다. 농경시대에 접어들면서 정착생활을 시작한 인간은 동물을 지배하기 시작했습니다. 가축을 사육하고 초월적인 존재에 대한 신앙심이 싹트면서 이제 인간은 동물보다 우월적인 존재로 도약하게 됩니다. 동시에 농경문화는 수렵채취인들이 누리던 평등공동체를 해체하고 지배-피지배의 질서를 낳았습니다. 그 결과 지배세력은 가축과 곡식을 소유하며 피지배층의 우위에서 주인 노릇을 하게 되었고, 피지배층은 가축과 별다르지 않은 존재로 지배층이 소유한 토지와 재산의 일부로 취급될 뿐이었습니다. 그러다가 18세기부터 한 세기에 걸친 산업혁명으로 생산구조가 바뀌면서 풍부한 노동력이 필요해졌습니다. 때마침 농업생산력이 급증하면서 빈농으로 전락한 사람들이 대거 임금노동자로 전환되었습니다. 이는 농촌공동체를 중심으로 하는 전통사회의 질서와 가치관이 무너지고 도시를 중심으로 하는 새로운 자본주의적 질서가 도래하는 것을 의미합니다.

자본주의사회에 접어들면서 비로소 인간은 공동체의 한 부분이 아닌 독립된 개인으로 재탄생하였습니다. 경제 분야에서의 산업혁명은 정치적으로 시민혁명과 결합하면서 개인의 천부인권을 강조하게 되었습니다. 개인은 더 이상 집단이나 공동체의 일부분이 아니라 자율적 존재로 삶의 터전과 직업을 스스로 결정할 수 있게 되었습니다. 또한 더 이상 타인의 의사에 얽매이지 않고 자기만의 신앙과 양심을 가질 수 있는 자유를 누리게 되었습니다. 그리고 무엇보다도 자기의 고유한 재산권을 인정받게 되었습니다. 재산권은 신성한 것으로 인식되었고, 재산권을 침해하는 것은 곧 재산의 소유자를 침해하는 것과 마찬가지로 간주되었습니다. 이렇듯 개인의 존재를 가능하게 하는 신체적, 정신적, 경제적 바탕이 보장되자 비로소 인간의 존엄성은 보편적인 가치로 인정받기에 이른 것입니다. 더욱이 두 차례에 걸친 세계대전을 통해서 인류는 국가권력의 오남용이 얼마나 처참한 결과를 가져오는지를 뼈저리게 경험했습니다. 그 결과 이제 인간의 존엄성은 국가권력보다 우위에 놓이게 되었습니다. 이것이 바로 현대 민주주의국가들의 헌법에 깔려 있는 근본이념입니다.

그렇다면 인간의 존엄성은 과연 지고지순한 불변의 가치일까요? 20세기 이후로 인간은 지구의 주인 행세를 하며 마음껏 자연을 소비했습니다. 강과 바다, 대기와 육지가 오염되었으며, 곳곳에서 인간에 의해 자연이 훼손되었습니다. 식탁에 오르는 가축들이 대규모 공장식 축산을 통해서 마치 공산품처럼 제조되었습니다. 동물은 아무런 감정이나 고통도 느끼지 못하는 존재로 취급되었습니다. 최근 들어 점차 심각해지는 지구온난화와 가축전염병은 인간의 오만이 부른 인재입니다. 이제 지구상에서 인간만이 존엄한 존재라는 생각은 날조된 이념일 뿐이라고 말하는 사람들이 많습니다. 대표적인 사람이 이스라엘의 역사학자 유발 하라리입니다. 그는 《호모 데우스》에서 다음과 같이 묻고 있습니다.

호모 사피엔스가 세계에서 가장 강력한 종인 것은 의심의 여지가 없다. 호모 사피엔스는 또한 우월한 도덕적 지위를 누리며, 인간의 생명이 돼지, 코끼리 또는 늑대보다 훨씬 중요하다고 생각하고 싶어 한다. 이러한 생각은 명쾌하지 않다. 힘이 권리를 만드는가? 단순히 인간 집단이 돼지들보다 더 강력하기 때문에 인간의 생명이 돼지의 생명보다 더 가치 있는가? 미국은 아프가니스탄보다 훨씬 강력하다. 이는 미국인의 생명이 아프간인의 생명보다 더 큰 내재적 가치를 가지고 있다는 것을 의미하는가?

과학적으로 본다면 인간만 존엄한 것이 아니라 모든 생명이 존엄하다고 보아야 옳을 것입니다. 나아가 세상 모든 생명의 원천인 지구야말로 거대한 하나의 생명체로서 존엄한 존재라고 할 수 있을 것입니다. 인간이 만물의 영장이고, 인간만이 영혼을 가지고 있으며, 인간만이 유일하게 존엄한 존재라는 생각은 결과적으로 인간사회 내부에서도 많은 부조리를 낳았습니다. 권력과 경제력을 가진 자와 그렇지 못한 자의 삶은 현실 속에서도 현격한 차이를 보이고 있습니다. 인간의 존엄성은 강자의 존엄성을 합리화하기 위해 생겨난 개념이 아닙니다. 그러나 결과적으로 그런 방향으로 잘못 해석되고 있는 것도 사실입니다.

인간이 다른 생명체보다 존엄하다는 주장은 생명의 존엄성에 우선순위를 매길 수 있다는 의미를 내포합니다. 즉 인간, 포유류, 척추동물로 이어지는 생명의 사슬에서 인간의 존엄성 실현이 우선이고

헌법, 우리에게 주어진 놀라운 선물

여타의 포유류나 척추동물은 그다음 순위라는 식으로 말입니다. 그러나 이처럼 생명의 존엄성에 순위를 매기는 방식은 결국 인간들 사이에서도 순위를 매기는 태도로 귀결될 가능성이 있습니다. 지구에 생명이 탄생할 때 우선순위가 매겨져 탄생했을까요? 만약 지구가 아주 오래된 거대한 할머니라면 자기 품에서 살고 있는 모든 생명체에 차별을 둘까요? 그렇지는 않을 것입니다. 차별하지도 분류하지도 않고 모든 생명을 동일한 가치로 바라볼 때 비로소 인간의 존엄성도 실현될 수 있을 것입니다.

신민에서
시민으로

미국의 어느 로스쿨에서 실제로 있었던 일입니다. 한국인 학생의 아버지가 로스쿨 기숙사를 방문했습니다. 그런데 기숙사의 어느 방에 대형 태극기가 걸려 있는 걸 보았습니다. 아버지는 그 방이 자기 아들의 방인 줄 알고 들어가 있었습니다. 그때 마침 미국인 학생이 그 방에 들어왔습니다. 그 방이 미국인 학생의 방이라는 사실을 알고 아버지는 깜짝 놀랐습니다. 그리고 미국인 학생에게 방 안에 왜 태극기를 걸어 놓았느냐고 물었습니다. 그러자 미국인 학생은 자기 삶의 목표가 한반도의 통일이라며, 한국인들을 남과 북이 분단되어 받는 고통에서 벗어나게 하고 싶다고 대답했습니다.

헌법, 우리에게 주어진 놀라운 선물

이 미국 청년의 가슴에는 미국보다 더 넓은 세계가 자리하고 있는 것입니다. 이런 생각은 오직 자기가 속한 집단에만 집착하는 신민臣民에게서는 나올 수 없습니다. 시민市民만이 이런 생각을 할 수 있습니다.

동양의 전통사회에서는 군사부일체라고 해서 임금과 스승, 그리고 아버지가 모두 똑같이 존경과 복종의 대상이었습니다. 나라는 '어린 백성'을 교화하고 바른길로 인도하는 윤리 도덕의 사령부인 것처럼 홍보했습니다. 이 같은 동양적 국가관은 국가를 가정의 확장판으로 간주하는 데서 출발하였습니다. 백성은 어려서부터 신민으로 자랐습니다.

서양에서는 일찍부터 국가를 구성원 간의 계약관계로 보았습니다. 이 계약은 처음에는 철저한 봉건적 주종관계였습니다. 주인인 국왕이나 봉건영주가 백성들을 외적으로부터 보호해 주는 대신 백성들은 노동력과 병력을 제공하였는데, 문제는 봉건적 계약관계가 인신에 대한 지배권을 포함하고 있다는 것이었습니다. 이 때문에 민초는 늘 고달프고 억압된 삶을 살아야 했습니다. 그래서 시민혁명을 통해 낡은 계약을 파기하고 새로운 계약을 체결하게 되는데, 그것이 바로 헌법입니다. 이렇게 해서 서양 백성들은 신민에서 시민으로 거듭나게 되었습니다. 국가가 자유로운 시민들로 구성되면 국가들 간의 관계도 그와 유사해집니다. 미국이나 유럽연합은 바로 그러한 자유로운 시민들로 구성된 국가들의 대등한 관계를 바탕으로 성립될 수 있었습니다.

반면 동양은 19세기 말에서 20세기 초에 걸쳐 서양의 침략을 받으면서 서양문물을 받아들이게 되었습니다. 헌법도 그 가운데 하나입니다. 동양은 한편으로 서양 국가와 일본 제국주의와 싸우면서 독립을 쟁취하였고, 다른 한편으로는 서구 시민혁명의 정신(국민주권, 권력분립, 법치주의, 자유선거제도 등)이 담겨 있는 헌법을 제정함으로써 근대국가를 수립하게 됩니다. 그러나 그때까지만 해도 동양인들은 아직도 완전히 신민에서 시민으로 탈바꿈하지는 못했습니다. 여전히 '위대한 나라님'에 대한 향수가 짙었으며, 없으면 만들어서라도 '위대한 나라님'에게 복종하고 충성하고 싶어 하는 사람들이 많이 있었습니다.

현대 동양인의 내면 깊은 곳에는 여전히 봉건적 사고방식이 뿌리 깊게 남아 있습니다. 봉건적 사고방식을 유지하는 데는 한 가지 조건이 있습니다. 봉건적 질서를 무너뜨리려는 '나쁜 사람들'이 반드시 있어야 한다는 점입니다. '나쁜 사람들'은 같은 나라에 사는 사람들일 수도 있고 외국일 수도 있습니다. 누구를 '나라님'(또는 그러한 세력)으로 모실 것인가, 그리고 누구를 '나쁜 사람들'(또는 나쁜 나라)로 적대시할 것인가를 놓고 사람들끼리 서로 싸우기도 합니다. 이는

헌법, 우리에게 주어진 놀라운 선물

지정학적으로 해양 세력과 대륙 세력이 충돌하는 위치에 놓인 한국에서 더욱 심각합니다.

동아시아 국가들의 실상을 살펴보면, 먼저 중국은 다당제를 배척하고 중국공산당 일당 체제를 유지하고 있습니다. 중국인은 정치적 자유를 누리지 못하고 있습니다. 경제적으로는 개혁개방을 단행했지만 정치적으로는 여전히 전통시대 방식을 따르고 있는 것입니다. 일본은 동양에서 가장 먼저 헌법을 만들고, 의회민주주의를 도입하는 등 서구문명을 앞장서서 받아들였습니다. 하지만 일본인의 정신세계는 지금도 여전히 개인보다는 집단을 중시하는 문화가 지배적이며 전통시대의 유습인 천황제를 상징적 차원에서나마 보존하고 있습니다. 일본에서 극우파가 기승을 부리는 것도 이러한 문화적 풍토 때문입니다.

대한민국은 동아시아에서 유일하게 서구 시민혁명의 계보를 잇는 민주공화국 헌법을 가지고 있으면서 선거를 통해 정권을 교체한 전통을 확립했습니다. 그러나 민주주의가 발달한 대한민국에도 여전히 전통사회의 가치관이 일상생활에 뿌리 깊게 남아 있습니다. 승자독식의 정치문화, 관치국가 시스템 등 전통시대의 폐쇄적 계층의식이 여전히 힘을 발휘하고 있습니다. 북한은 더 말할 나위도 없습니다. 주민들의 삶은 뒷전인 채 핵 개발을 통해 정권을 유지하려고 급급하는 것은 국가가 무엇을 위해 존재하는지 망각한 처사라고 볼 수밖에 없습니다. 오늘날 전 세계 국가들 가운데 전무후무하게 권력의 3대 세습을 강행한 북한은 '김씨 왕조'라는 비난을 받아도 할 말이 없습니다.

이처럼 동아시아 국가들 사이에 전통시대의 가치관이 아직도 깊이 자리 잡고 있는 것은 사람들로 하여금 과학적이고 합리적인 사고를 하게 하기보다는 민족 감정과 자국 중심주의에 치우치게 만들고 국경을 초월한 시민의식의 등장을 가로막았습니다. 이는 결과적으로 동아시아의 국제정세를 늘 불안하게 만드는 요인이 되고 있습니다.

20세기 초 서양의 1, 2차 세계대전은 그때까지 남아 있던 전통시대의 가치관 위에 현대적 정치제도를 수립하는 과정에서 발생한 과도기적 진통이었다고 할 수 있습니다. 두 번에 걸친 세계대전을 거치면서 서양인들은 전통시대의 민족주의와 국가주의 같은 낡은 사고방식과 결별하고 헌법을 중심으로 하는 현대적인 가치관을 뿌리내리게 됩니다. 그 결과 서양은 전쟁의 참화에서 벗어나 비로소 평화를 정착시킬 수 있었습니다.

동아시아에 항구적인 평화를 정착시키고 모든 나라가 공존하려면 무엇보다도 이 지역 사람들이 신민에서 시민으로 거듭나야 합니다. 이 같은 대전환은 과거에는 전쟁이나 혁명과 같은 극단적 상황에서 이루어졌습니다. 그러나 이제는 그런 방식이 통하지 않을뿐더

헌법, 우리에게 주어진 놀라운 선물

러 그렇게 해서도 안 됩니다. 그렇다면 어떻게 해야 할까요?

서양 사람들이 수백 년에 걸친 전쟁과 혁명을 통해서 완성한 헌법정신에서 힌트를 얻을 수 있습니다. 헌법은 개인의 존엄성과 자율성을 기본으로 하면서 동시에 사회 구성원들 사이의 상호 소통과 협력이 원활하게 이루어질 때 비로소 효력을 발휘할 수 있습니다. 다시 말하면 개인을 중시하되 원자처럼 파편화된 개인이 아닌 사회의 일원으로서 살아가는 개인, 사회적 존재로서 살아가되 맹목적이고 무비판적으로 사회 속에 녹아 버리지 않고 개인의 정체성과 독자적 판단 능력을 갖춘 개인, 이것이 바로 헌법적 인간상이고 민주시민의 모습입니다. 시민은 우상화를 거부하고 날조된 신화나 역사에 매몰되지 않으며 사회를 더 자유롭고 살기 좋은 곳으로 만들기 위하여 자신이 무엇을 할 수 있는지를 늘 생각합니다. 시민은 자신의 존엄성을 자각하는 만큼 타인의 존엄성도 존중하며, 모든 사람이 평등함을 자각합니다. 이러한 시민의식의 뿌리는 주권자 의식에 있습니다. 내가 이 세상의 주인이고, 주인답게 살아가겠다는 결의가 있는 사람이 곧 시민입니다. 억압과 독재를 거부하는 자유로운 영혼을 가진 사람이 시민이 될 수 있습니다. 신민은 국가의 지배를 받지만 시민은 국가를 자기의 필요에 따라 사용할 줄 아는 사람입니다. 동아시아에 이러한 시민들의 수가 많아져야 합니다. 신민은 전쟁을 초래하지만 시민은 평화를 만들기 때문입니다. 헌법은 평화입니다.

헌법으로
세계를 바라보다

오늘날 세계는 민주주의와 자본주의라는 두 단어로 설명이 가능합
니다. 대부분의 국가가 정치적으로는 민주주의를, 경제적으로는 자
본주의를 선택하고 있기 때문입니다. 영국의 정치가 처칠은 민주주
의가 최악의 정치제체이지만 지금까지 만들어 낸 어떤 체제보다 낫
다고 했습니다. 한편 많은 경제학자들은 자본주의가 인간 본성에 가
장 부합하는 경제체제라고 합니다. 민주주의의 반대는 전체주의(나
치즘, 파시즘, 스탈린주의와 같이 민족, 국가 또는 계급의 전체 이익을 우선하는
정치질서)이고, 자본주의의 반대는 사회주의(국가가 모든 생산을 통제하
고 관리하는 경제질서)라고 할 수 있습니다. 1980년대 후반까지 세계

헌법, 우리에게 주어진 놀라운 선물

는 '민주주의+자본주의 국가'(미국), '민주주의+사회주의 국가'(스웨덴), '전체주의+자본주의 국가'(나치 독일), '전체주의+사회주의 국가'(구소련)들이 혼재했습니다. 그러나 오늘날에는 '민주주의+자본주의 국가'가 대부분이고, 나머지 유형은 극히 미미해졌습니다.

그러나 민주주의와 자본주의의 조합은 사실 남녀 관계만큼이나 속사정이 복잡합니다. 민주주의의 원리와 자본주의의 원리가 다르기 때문입니다. 민주주의는 모든 국민이 국가의 주인이라는 전제에서 출발합니다. 모든 국민이 자유와 평등을 누립니다. 선거에서는 1인 1표의 원칙이 적용되어 부자건 가난한 사람이건 모두 똑같이 한 표를 행사합니다. 하지만 자본주의의 원리는 조금 다릅니다. 자본주의를 상징하는 대표적인 제도가 주식회사제도인데, 주식회사의 최고 의사결정기관인 주주총회 의결권은 주주가 보유하고 있는 주식 수에 비례합니다. 즉 1인 1표가 아니라 1주 1표의 원칙이 적용되는 것입니다. 자본주의는 자유로운 경제활동이 보장되는 민주주의 헌법을 선택했고, 그 바탕 위에 눈부시게 발전했습니다. 오늘날 민주주의 정치제도는 한 나라에 국한되어 있지만(물론 유럽연합과 같은 예외도 있습니다), 자본은 국경을 뛰어넘어 온 세상을 무대로 활약하고 있습니다.

미국의 경제 전문 사이트인 〈비즈니스 인사이더〉가 발표한 '세계를 배후에서 지배하는 10대 기업'에 따르면, 이들 기업은 세계인의 삶을 80퍼센트 이상 좌우하고 있다고 합니다. 10위는 스위스에 본사를 두고 있는 식품회사인 네슬레입니다. 네슬레는 세계 80개국에 8,500여 개의 브랜드를 가지고 있습니다. 9위는 미국의 방위산업체인 록히드 마틴입니다. 전 세계가 1년간 지출하는 군사 예산은 1조 7천억 달러에 이릅니다. 록히드 마틴은 세계 최대의 방위산업체로 수많은 나라에 무기체계를 수출하고 있습니다. 8위는 대만의 콴타 컴퓨터입니다. 매킨토시, 델, 휴렛패커드, 소니, 도시바의 노트북을 모두 이곳에서 주문사 상표 부착 생산OEM 방식으로 생산하고 있습니다. 7위는 미국의 맥주업체 앤하이저부시와 벨기에-브라질의 맥주업체 인베브가 합병하여 탄생한 앤하이저부시 인베브ABI입니다. ABI는 2015년 기준 전 세계에 200개가 넘는 맥주 브랜드를 소유하고 있으며, 대표적인 것이 버드와이저, 코로나, 스텔라, 호가든 등입니다. 한국의 카스 맥주도 ABI의 소유입니다. 6위는 미국의 제약회사인 화이자입니다. 화이자는 연간 400억 달러의 이윤을 올리고 있는 세계 최대의 제약업체입니다. 5위는 영국의 교육출판 분야의 독점기업인 피어슨입니다. 피어슨 매출의 60퍼센트는 북미지역에서 발생하고 있으나 세계 70여 개의 국가에서 사무실을 운영하고 있습니다. 4위는 중국공상은행ICBC입니다. ICBC는 중국 국영은행으로 2009년 뱅크오브아메리카, JP모건을 누르고 전 세계에서 가장 자본력 있는 은행, 가장 많은 이익을 낸 은행으로 선정되었습니다. 3위는 미국의 농업바이오기술업체인 몬산토입니다. 베트남전 당시 악명 높았던 고엽제인 '에이전트 오렌지'가 몬산토 제품입니다. 또한 몬산토는 전 세계 유전자변형식품GMO 관련 특허의 90퍼센트를 차지하고 있습니다. 2위는 미국의 매스미디어, 엔터테인먼트 회사인 월트디즈니사입니다. 디즈니는 ABC, ESPN 등 방송매체와 픽사 애니메이션, 루카스 필름 등의 영화사를 가지고 있습니다. 또한 홍콩, 도쿄, 상하이를 비롯한 전 세계에 디즈니 테마파크를 운영하고 있습니다. 그렇다면 대망의 1위는 어디일까요? 바로 구글의 모회사인 알파벳 주식회사입니다. 알파벳은 구글사를 소유하고 있을 뿐만 아니라 구글의 모든 특허권, 제품 그리고 서비스에 대한 권리를 가지고 있으니 더 이상 설명이 필요 없겠지요. 2016년 알파벳의 총자산은 무려 1,670억 달러, 연간 순수익은 190억 달러에 이릅니다.

이처럼 거대한 다국적 기업들은 엄청난 자금력을 바탕으로 세계 각국의 의사결정에도 커다란 영향력을 행사하고 있습니다. 자본의 힘이 정치까지도 좌우하는 시대가 된 것입니다. 일찍이 자본가들은 자신의 사회적, 정치적 지위를 인정받기 위해 시민혁명에 참여했는데, 이제는 명실상부하게 전 세계의 지배자가 되었습니다. 이 힘을 이해하지 못하면 세계를 제대로 파악할 수 없습니다.

헌법을 이해할 때도 마찬가지입니다. 민주주의국가의 헌법은 재산권 보장과 기업 활동의 자유를 보장하면서 자본주의의 경제질서를 뒷받침하고 있습니다. 자본주의는 '이윤 추구'를 목표로 합니다. 기업 경영자는 주주들의 이익을 위해서 일하고, 주주들의 이익은 이윤 창출을 통해서 보장됩니다. 만약 이윤을 충분히 내지 못하면 경영자는 이사회에서 쫓겨나게 됩니다.

기업이 이윤을 추구하는 행위 자체는 나쁜 것이 아닙니다. 기업가들이 이윤을 얻기 위해 노력하는 과정에서 사회 혁신과 성장, 일자리가 창출되는 등의 사회 발전이 이루어지기도 합니다. 그런데 이윤 추구를 위한 노력이 때로는 공익과 충돌하는 경우가 있습니다. 또한 기업의 잘못된 의사 결정이나 실수가 공익을 적극적으로 침해하는 경우도 발생할 수 있습니다. 따라서 민주주의국가의 헌법질서를 유지하려면 기업이 올바른 길을 가도록 감시할 필요가 생깁니다. 이것을 헌법에서는 '재산권의 사회적 책임'이라고 합니다. 국가는 기업 활동에 대한 가이드라인을 제시하고 조세를 통해서 이윤의 일부를 국가에 환원하도록 합니다. 기업이 마음 놓고 자유롭게 활동할 수 있는 것은 국가라는 시스템이 작동하기 때문입니다. 법체계, 안보, 치안, 교육, 사회보장 등의 국가 시스템은 기업의 유지와 존속을 가능하게 하는 요소입니다. 국가는 건전한 기업 활동을 장려하고 육성함으로써 치열한 국제경쟁에서 자국 기업이 마음껏 역량을 발휘할 수 있도록 북돋우는 역할도 합니다. 따라서 기업은 세금을 성실하게 납부하고 법을 준수함으로써 이러한 국가 시스템이 잘 운영될 수 있도록 협력해야 합니다. 자본주의의 경제질서에서 정치인과 관료의 중요한 역할은 기업을 감시하고 엄정하게 법을 집행하는 데에 있습니다. 만약 이들이 그 기능을 제대로 수행하지 못하면 시민들이 나서서 정치인과 관료를 심판해야 합니다.

헌법은 자유로운 기업 활동을 통한 성과가 기업은 물론 국민 전체에 골고루 돌아가는 사회를 지향합니다. 대한민국 헌법 전문에 "정치, 경제, 사회, 문화의 모든 영역에서 각인의 기회를 균등히 하고, (…) 안으로는 국민 생활의 균등한 향상을 기하고"라는 구절이 있는 것은 바로 그런 이유 때문입니다.

모두의 나라,
민주공화국

신라는 '삼한일통三韓─統'을 이루었으나 통일 이후에도 경주를 중심
으로 한 협소한 지역을 근거지로 고수하면서 더 이상 영토를 확장
하지 못하였습니다. 경주는 지리적으로 편중되어 있었고, 소백산맥
에 둘러싸여 한반도 전역을 통치하기에 비효율적인 위치에 있었습
니다. 신라는 옛 고구려와 백제 사람들에게 신라인의 정체성을 심어
주는 데도 실패했습니다. 고구려와 백제의 유민을 지배층으로 끌어
들이지도 못했습니다. 신라의 뿌리 깊은 신분제도인 골품제는 혈연
으로 이어지는 소수 귀족에게만 왕위 계승권과 고위직에 임명될 권
리를 부여했습니다. 그 결과 지리적으로나 정치적으로나 신라는 고

헌법, 우리에게 주어진 놀라운 선물

립될 수밖에 없었고, 전국적인 민란 끝에 후삼국 시대를 맞이하게 되었습니다. 만약 신라가 한강 유역으로 과감하게 천도를 하고 고구려와 백제의 유민을 능력에 따라 고르게 등용했다면 어떻게 되었을까요? 어쩌면 한반도를 넘어 대륙까지 진출할 수 있지 않았을까요?

신라와 대비되는 사례가 바로 로마공화정입니다. 로마공화정은 원래 티베르 강변의 부족들이 세운 작은 왕국에 불과했습니다. 씨족 연합에서 출발한 신라와 크게 다를 바 없습니다. 그러나 로마는 기원전 510년경에 왕정을 폐지하고 공화정이라는 놀라운 정치체제를 도입했습니다. 로마공화정은 왕 대신 시민들의 토론과 합의를 통해서 국가를 통치하는 정치체제였습니다.

로마는 공화정을 실시하면서 급속히 발전했습니다. 영토를 확장하면서 새로운 시민들을 수용했고, 이들이 로마의 시민권을 얻으면 로마인과 똑같이 대우했습니다. 이는 다양한 인재를 로마로 불러들이는 계기가 되었습니다. 또한 로마는 법체계를 세워서 법에 따라 통치했습니다. 철저히 권력을 분립하였습니다. 아무리 권력자라 할지라도 마음대로 국정을 좌지우지할 수는 없었습니다. 고도로 발달된 정치제도인 공화정은 로마를 마침내 세계 제국으로 만들었습니다.

오늘날 로마공화정의 뒤를 잇는 나라는 미국입니다. 미국은 로마공화정을 모델로 철저히 권력분립을 규정한 헌법을 만들었고, 왕

대신 선거를 통해 뽑힌 대통령에게 행정권을 행사하도록 했습니다. 입법부와 행정부는 견제와 균형의 원리에 의해 국정 운영의 두 축을 이루고 있습니다. 적극적인 이민정책으로 전 세계의 인재들을 불러 모았습니다. 자유분방한 사회 분위기 속에서 다양한 문화를 받아들인 결과, 경제와 과학기술에서도 눈부신 발전을 이루었습니다.

아시아에도 로마공화정이나 오늘날의 미국과 비슷한 나라가 없었던 것은 아닙니다. 대표적으로 당唐과 몽골제국이 있습니다. 만주 일대의 선비족 군벌집단이 세운 당나라는 강력한 군사력을 바탕으로 서역 원정을 단행하여 중국의 세력 판도를 중앙아시아까지 넓혔습니다. 문화적 포용력을 발휘하여 서역과도 활발하게 교류했습니다. 그러나 황제 1인 중심의 정치체제는 대제국을 안정적으로 유지하기에 역부족이었습니다. 제국 내부의 다양한 갈등과 반발을 무마할 수 있는 시스템이 존재하지 않았기 때문입니다. 그 결과 지방관인 절도사들의 난립, 서역의 티베트와 위구르의 반격, 동북지방의 발해와 거란의 압박, 그리고 환관들의 궁궐 내 권력투쟁이 겹치면서 건국한 지 289년 만에 멸망하고 말았습니다.

몽골제국은 몰락한 부족장의 아들 테무친이 여러 부족을 통일하고 1206년에 칭기즈칸의 칭호를 부여받으면서 시작되었습니다. 칭기즈칸이 서하 원정 중 사망하자 제2대 왕인 오고타이가 제위를 이어받습니다. 오고타이는 유럽까지 진격하여 독일-폴란드 연합군과

헌법, 우리에게 주어진 놀라운 선물

싸워 폴란드 일부와 슐레지엔 지방을 점령하고 헝가리, 이란, 그루 지야, 아르메니아까지 이르렀습니다. 몽골제국은 유라시아 대륙 전체에 해당하는 광대한 영토를 통치하기 위해 권역별로 킵차크한국, 일한국, 차가타이한국, 오고타이한국으로 분할하여 통치하였습니다. 이어서 중국 전역을 완전히 정복한 몽골제국의 제5대 왕인 쿠빌라 이는 오늘날의 베이징을 제국의 수도로 정하고 국호를 '원元'이라 하 였습니다.

몽골제국은 현대적인 군사제도와 엄격한 군 기강, 우수한 기병, 효율적인 보급체계로 모든 나라를 압도했으며, 정치적으로는 쿠릴 타이 회의를 통한 합의제를, 경제적으로는 공평한 분배를 중시했습니다. 몽골제국의 탁월한 국가 시스템은 칭기즈칸이 제정한 '예케 자사크'를 통해서도 알 수 있습니다. 몽골어로 '큰 법'을 뜻하는 예케 자사크는 전문 36개조의 짧은 법전으로 주로 일상생활과 관련된 규범으로 이루어져 있지만, 몽골제국의 헌법과 같은 역할을 했습니다. 이 가운데 몇 가지를 살펴보면 다음과 같습니다.

제11조 모든 종교를 차별 없이 존중해야 한다.
제16조 만물은 모두 청정淸淨하다. 부정不淨한 것은 없으므로 정과 부정을 구분해서는 안 된다.
제17조 다른 사람에 대해 좋고 나쁨을 말하지 말고, 호언장담하

지 말라. 그리고 누구든 경칭을 쓰지 말고 이름을 불러라. 천호장이나 칸을 부를 때에도 마찬가지다.

제24조 자신이 속한 천호장, 백호장, 십호장 이외에 어느 누구도 섬겨서는 안 된다.

제34조 첩이 낳은 아들도 똑같이 상속받아야 한다. 연장자는 연소자보다 재산을 많이 받고, 막내는 겔과 가재도구 일체를 상속받는다.

종교의 차별 금지, 시비선악의 이분법 금지, 경칭 사용 금지, 명령체계의 간소화, 적서차별의 금지를 통해서 칭기즈칸과 몽골인이 추구했던 개방적이고 평등한 가치관을 엿볼 수 있습니다. 몽골이 대제국을 건설할 수 있던 것은 바로 이러한 정신적 태도가 뒷받침되었기 때문입니다. 예케 자사크의 정신적 뿌리는 오늘날의 공화주의와 상당히 유사한 면이 있습니다.

세계 역사상 옹졸하고 경직된 국가관을 가진 나라가 대제국을 건설한 사례는 없습니다. 이는 개인도 마찬가지입니다. 삼라만상을 차별 없이 대하고, 나와 생각이 다르거나 이질적인 것조차 큰 품으로 포용하는 태도야말로 나라가 흥성하게 되는 기초입니다. 공화국의 어원인 라틴어 'Res publica'는 '모두의 것'이라는 의미가 있습니다. 이 세상은 한두 사람의 것이 아니라 모두의 것이라는 생각이 공화주의의 핵심 아이디어입니다.

민주공화국은 민주와 공화를 정치질서의 기본으로 삼는 나라를 말합니다. 다수의 뜻에 따라 의사결정을 하되 누구도 소외되지 않고 국민 모두가 국가 구성원으로서 동등하게 존중받고 기여할 수 있는 나라가 민주공화국입니다. 민주공화국의 가치는 보편성에 기반하고 있습니다. 인간의 보편적 심리를 헤아리는 정치체제가 민주공화국입니다.

사람은 누구나 인정받고 싶어 하고 객관적 기준에 의해 공평하게 대우받고 싶어 하는 마음이 있습니다. 또한 폐쇄적인 사회보다는 개방적인 사회를 선호합니다. 이 같은 사람들의 마음을 존중하는 나라가 민주공화국이고, 그런 나라는 자연히 많은 사람들이 몰려들어 큰 나라로 발전할 수 있습니다. 기득권을 지키기 위해 파벌을 만들거나 생각이 다른 사람을 배척하는 것은 민주공화국의 정신에 어긋납니다. 대한민국 헌법 제1조에서 이야기하고 있는 민주공화국에는 이 같은 깊은 의미가 담겨 있습니다. 단지 무소불위의 왕이 존재하지 않는다고 해서 민주공화국이 되는 것은 아닙니다.

권력은
국민으로부터 나온다,
그래서?

"나는 무력으로 이 혁명의 지도자가 되었으며, 무력에 의하지 않고
서는 결코 물러나지 않을 것임을 여러분은 알아야 합니다."

1975년 리비아의 지도자 무아마르 카다피는 벵가지 시에 있는
가르유니스 대학교에서 연설하며 이렇게 말했습니다. 그로부터 36
년 뒤 카다피는 그의 말대로 시민군의 총탄에 의해 영욕의 인생을
마쳤습니다. 2010년 말 튀니지에서 발생한 재스민 혁명의 물결은
이란, 바레인, 이집트, 요르단, 시리아 일대를 휩쓸고 리비아까지 엄
습했습니다. 리비아의 민주화운동을 진압하기 위해 카다피는 전차

와 전투기까지 동원했습니다. 그로 인해 수많은 사상자가 발생하였고, 이는 리비아 사태를 국제적인 현안으로 부각시키면서 급기야 내전으로 확산되었습니다. 결국 2011년 10월, 카다피는 자신의 고향인 시르테에서 세계인이 TV로 지켜보는 가운데 비참한 최후를 맞이합니다. 그는 하수구에 숨어 있다가 생포되어 사살되었고, 시신은 정육점에서 일반인에게 전시되었습니다.

국민의 지지는 국가권력의 근원입니다. 세계 각국의 모든 정상들이 가장 두려워하는 것은 언론과 가두시위입니다. 언론은 통치 권력에 대한 비판 기사를 통해 민심을 송두리째 바꿔 놓을 수 있습니다. 시위는 언제 어떻게 불씨가 되어 통치 권력을 위협할지 모릅니다. 그렇기 때문에 역대 독재자들은 예외 없이 언론·출판과 집회·결사의 자유를 통제했습니다. 요즘은 여기에 하나가 더 추가되었습니다. 인터넷과 SNS입니다. 2011년 아랍의 재스민 혁명도 젊은이들이 주축이 된 SNS로 인하여 촉발되었고 확산될 수 있었습니다.

오늘날 지구상의 거의 모든 나라의 헌법에는 국민이 주권자이고 모든 국가권력의 원천이 국민에게 있다는 것을 밝히고 있습니다. 재스민 혁명은 독재자들에게 국민이 주권자라는 것을 호되게 일깨웠을 뿐만 아니라 다른 지역의 독재자들까지 긴장하게 만들었습니다. 북한 정권은 지금까지도 국민들의 인터넷 접속을 엄격히 통제하고 있습니다. 주한미국대사관이 2017년 3월에 공개한 '조선민주주의인민공화국 보고서'에 따르면, 북한에서는 고위 관리와 일부 대학생, 엘리트 계층만이 인터넷에 접속할 수 있다고 합니다. 그 대신 인트라넷을 구축해서 영재학교, 선별된 연구소, 대학, 공장 및 소수의 개인들이 이용할 수 있도록 하고 있으며, 게이트키퍼 역할을 담당하는 '조선콤퓨터센터'에서 접근을 허용한 자료만 검색할 수 있다고 합니다. 심지어 외국인도 페이스북이나 트위터에 접속하지 못하도록 하고 있습니다. 독재 정권이 국민의 눈과 귀, 입을 막는 것은 역설적으로 그들에게 국민이 얼마나 두려운 존재인가를 말해 주고 있습니다. 그리고 독재자가 아무리 국민을 위한다고 해도 그들이 가장 중요하게 생각하는 것은 자신의 권력 유지뿐이라는 것을 보여 줍니다. 국민이 나라의 주인이라고 생각한다면 국민의 눈과 귀와 입을 막을 이유가 없습니다.

민주주의국가는 선거를 통해 정기적으로 정권 교체가 가능한 나라입니다. 대통령이나 국회는 정해진 임기 동안 성실히 일하고 다음 선거에서 국민의 심판을 받게 됩니다. 만약 리비아가 선거를 통한 정권 교체가 가능한 나라였다면 카다피가 40년 넘게 장기집권을 하다가 비참한 최후를 맞는 일은 없었을 것입니다. 북한이 인민들의 허리띠를 졸라매고 내핍 생활을 강요하면서 핵 개발에 몰두하는 이유는 무엇일까요? 그것은 결국 북한의 지도자를 비롯한 고위층의 기득권 유지를 위한 것 그 이상도 이하도 아닙니다. 북한 지도층이 해방 이후 지금까지 70년 넘게 누려 온 기득권을 내려놓는다면 핵무기나 대륙간탄도미사일을 개발할 필요가 없습니다. 지금이라도 자유선거를 실시하여 정권이 교체된다면 남북한에는 평화가 찾아오고 통일도 앞당겨질 것입니다.

독재의 정의는 간단합니다. 국민보다 국가를 우선시하는 것이 독재입니다. 그리고 국가를 우선시한다는 명분의 이면에는 결국 지도층의 권력을 우선시하겠다는 속셈이 깔려 있습니다. 민주주의국가는 이러한 위선을 인정하지 않습니다. 민주주의국가는 국가보다 국민, 보다 정확히 말하면 개인이 우선하며 국가는 단지 국민의 권리를 보호하기 위해서 존재할 뿐입니다. 이것이 민주주의국가 헌법의 기본정신입니다. 민주주의국가의 헌법은 권력의 이기적인 속성을 있는 그대로 투명하게 직시하며 어떠한 권력도 선하지 않다는 전제를 바탕에 깔고 있습니다. 개인이든 집단이든 국가의 권력자를 예찬하고 우상화하는 것은 민주주의국가에서 허용되지 않습니다. 그러한 행위는 국가가 국민을 위해서 존재할 뿐이라는 민주주의국가의 구성 원리에 반하기 때문입니다. 권력자가 맡은 소임을 잘하고 도덕적으로도 훌륭하다 할지라도 그것은 그를 뽑은 국민에 대한 당연한 의무일 뿐이지 별나게 칭송받을 일은 아니라는 것입니다. 물론 잘한 일에 대해 칭찬할 수는 있지만 도가 지나치면 민주주의에 어울리지 않는 이상한 장면이 연출될 수 있습니다.

그렇다면 민주주의국가에서 권력자는 자신이 가진 권력을 어떻게 행사할까요? 독재국가와 달리 민주주의국가에서 모든 국가권력은 오직 헌법에 근거하여 행사할 수 있습니다.

민주주의국가의 통치 구조는 크게 대통령중심제와 의원내각제의 두 가지 방식이 있습니다. 두 방식의 차이는 행정부의 우두머리를 국민이 직접 뽑느냐 아니면 의회에서 선출하느냐에 있습니다. 대통령중심제는 국민이 선출한 대통령이 행정권을 행사합니다. 입법부인 의회는 대통령을 견제하고 감시하는 역할을 합니다. 반면 의원내각제는 의회에서 선출한 총리와 의원들 가운데 임명된 장관들이 행정부 내각을 구성합니다. 따라서 의원내각제에서는 행정부와 입법부가 서로 융화되는 현상을 보입니다.

국민의 입장에서 봤을 때 대통령중심제와 의원내각제는 일장일단이 있습니다. 대통령중심제는 국민이 행정부의 수반인 대통령을 직접 선택하기 때문에 민주적 정당성을 기반으로 대통령이 과감한 개혁을 실행할 수 있습니다. 그리고 대통령의 임기가 보장되기 때문에 정국 안정을 기대할 수 있습니다. 그러나 만약 대통령이 무능한 인물이라면 국정 파탄을 가져올 수 있습니다. 또한 대통령에 선출되고 나서 국민과 유리된 채 측근과 관료들에 둘러싸여 민심을 제대로 전달받지 못할 가능성도 있습니다.

의원내각제는 행정부 수반인 총리를 의회에서 선출하기 때문에 국민이 직접 선출하는 대통령제에 비하여 민주적 정당성이 떨어질 수 있습니다. 또한 중소정당이 난립할 경우에 정국이 혼란해지는 반면 여당의 의석수가 과반을 넘을 경우에는 내각과 결탁한 의회 독재의 폐해가 있을 수 있습니다. 그러나 의원내각제에는 의회의 내각불신임권과 내각의 의회해산권이 있어서 책임정치의 측면에서는 대통령중심제보다 앞서는 것이 사실입니다. 또한 의원들은 일상적으로 유권자들과 접촉하기 때문에 여론을 실시간으로 국정에 반영할 수 있다는 장점이 있습니다. 총리와 장관들이 모두 동료 의원들이기 때문입니다. 이러한 측면에서는 대통령중심제에 비하여 의원내각제가 국민과의 소통에 보다 효율적입니다.

대통령중심제와 의원내각제 가운데 어느 것을 선택할 것인가 하는 문제는 결국 주권자인 국민이 선택할 몫입니다. 어느 것이 절대적으로 옳다거나 바람직하다는 것은 증명된 바가 없습니다. 대개의 나라에서 통치구조는 그 나라의 역사와 정치문화에 의해서 결정되어 왔습니다. 그리고 일단 정해지면 바꾸기 힘든 것도 사실입니다. 과거의 선택이 관성으로 인해 쉽게 변화되지 않는 이 같은 현상을 '경로의존성'이라고 합니다. 마치 키보드 자판에 한번 익숙해지면 다른 방식의 키보드를 쓰기 어렵게 되는 것과 같은 이치입니다. 중요한 것은 국민이 대통령이나 의회를 끊임없이 살피는 일입니다. 국민이 정치에 관심을 보이지 않는다면 그 나라의 미래는 기약할 수 없습니다.

헌법, 우리에게 주어진 놀라운 선물

문제는
정치야

〈데스노트〉라는 일본 영화가 있습니다. 법대생인 주인공 야가미 라이토는 어느 날 길거리에서 이상한 노트를 발견합니다. 노트를 주워 들고 집에 돌아온 주인공은 첫 장에 쓰여 있는 규칙을 읽어 보다가 깜짝 놀랐습니다. 그 노트에 자신이 얼굴을 아는 사람의 이름을 쓰면 곧바로 죽는다는 내용이었습니다. 주인공은 시험 삼아서 신문기사에 얼굴 사진이 나온 흉악범의 이름을 노트에 적었습니다. 다음날 신문에 그 흉악범이 갑자기 사망했다는 기사가 보도되었습니다. 주인공은 노트의 위력을 확인하고 전 세계의 악인들을 하나씩 처단하기 시작했습니다. 범죄율이 제로인 세계를 만들겠다는 목표까지 세웠습니다. 그러나 이유를 알 수 없는 연쇄적인 죽음에 의문을 품은 인터폴 소속의 미스터리한 인물 'L'이 등장하면서 영화는 야가미와 L의 두뇌플레이로 이야기가 전개됩니다. 〈데스노트〉는 비록 허무맹랑한 스토리이지만 무엇이든 종이에 쓰면 그대로 이루어진다는 민간신앙의 오래된 전설을 전제로 하고 있습니다.

성경에는 "믿는 대로 이루어진다"는 구절이 있습니다. 동서양에서는 질병을 치료하거나 특정한 소원을 성취할 목적으로 부적이 사용되어 왔습니다. 부적의 효력이 과학적으로는 증명되지 않았지만, 부적의 효과를 믿는 사람에게는 심리적 안정과 자신감을 줄 수 있습니다. 가짜 약(위약)이라도 환자가 진짜 약이라고 믿고 먹으면 치료에 좋은 반응을 얻는 경우가 있다는 플라세보 효과처럼 사람이 어떤 일에 강한 믿음을 품게 되면 그것이 실현될 가능성도 높아질 수 있습니다. 마찬가지로 소원을 이루어 준다는 부적을 갖게 되면 희망을 품고 더욱 열심히 노력하게 될지도 모릅니다. 이처럼 믿음과 희망이 있을 때 더욱 효과적으로 행동할 수 있습니다.

헌법에는 온갖 좋은 말들이 나열되어 있습니다. 국민주권, 민주주의, 인간의 존엄과 가치, 자유와 평등, 인간다운 생활을 할 권리, 약자의 권리 보호, 권력분립, 법치주의, 국제평화주의 등 헌법에 쓰인 대로라면 세상은 지상낙원이 될 것입니다. 그러나 유감스럽게도

헌법, 우리에게 주어진 놀라운 선물

현실은 그렇지 못합니다. 헌법에 규정된 것과 동떨어지거나 상반되는 일들이 훨씬 더 많이 일어납니다. 자유보다는 억압이, 평등보다는 차별이, 민주주의보다는 권력을 가진 소수의 전횡이 일상적입니다. 극도의 빈곤과 열악한 환경에서 살아가는 사람들도 많습니다. 국가가 왜 존재하는지 의문이 드는 사건들도 여기저기서 계속 일어납니다. 그렇다면 헌법은 번지르르한 말잔치에 불과한 것 아닐까요? 어쩌면 국민을 상대로 사기를 치는 것 아닐까요? 이런 의문이 드는 것은 어쩌면 너무도 당연한지 모릅니다. 그렇다면 헌법이 무용지물이냐? 그렇지는 않습니다. 몇 가지 이유가 있습니다.

첫째, 헌법에 쓰인 대로 실행하겠다는 국민의 수가 많으면 많을수록 헌법은 쓸모가 있습니다. 그러기 위해서는 헌법을 아는 국민이 많아져야 합니다. 선진국에서는 어렸을 때부터 헌법을 가르치는 데 많은 시간을 할애합니다. 먼저 헌법이 무엇인지 알아야 그에 대한 애정과 신뢰가 생겨날 수 있습니다. 이를 헌법에 대한 국민적 의지라고 표현하겠습니다. 예를 들어 헌법에 국민의 사생활 보호가 규정되어 있다면 무분별한 개인정보 유출을 막기 위한 국가의 노력을 헌법에 근거하여 촉구할 수 있게 됩니다. 헌법에 인간다운 생활을 할 권리가 규정되어 있다면 인간다운 생활의 기준과 그에 대한 보장을 끊임없이 국가에 요구할 수 있게 됩니다.

둘째, 중요한 사회적 현안에 대한 이해관계가 충돌할 때 이를 해결하는 수단으로 쓸모가 있습니다. 예를 들어 많은 국민이 높은 사교육비 때문에 부담을 느낀다면 한쪽에서는 사교육 자체를 전면 금지하자는 의견을, 또 다른 쪽에서는 사교육을 제한해서는 안 된다는 의견을 주장할 수 있습니다. 이때 사교육은 헌법상 원칙적으로 허용되지만 이로 인한 비용 부담이 지나칠 경우 국민생활의 균등한 향상과 교육의 기회균등이라는 또 다른 헌법적 가치의 상충으로 인해 제한을 가하는 쪽으로 결론을 도출할 수도 있게 됩니다. 또 다른 예로, 우리 사회에서 심각한 정규직과 비정규직 차별 문제를 해소하기 위해 '동일노동 동일임금' 원칙을 도입하는 법 개정을 한다면 이해관계가 다른 세력 사이의 격론을 예상할 수 있습니다. 이때 헌법상 평등의 원칙을 문제해결의 기준으로 삼는다면 힘에 의한 해결이 아닌 합리적인 해결방안을 찾을 수 있을 것입니다.

셋째, 권력통제 수단으로 사용할 수 있습니다. 손오공의 머리에 씌워진 금강권처럼 국가기관이 마음대로 권력을 휘두를 때 제동을 걸 수 있는 것이 바로 헌법입니다. 손오공이 함부로 날뛸 경우 삼장법사가 금강주문을 외우면 금강권이 손오공의 머리를 조여 고통스럽게 함으로써 손오공은 삼정법사의 말을 듣게 됩니다. 마찬가지로 국가기관이 잘못할 때 국민이 헌법을 동원하면 국가기관의 잘못을 제어할 수 있게 되는 것입니다. 대통령에 대한 탄핵이 대표적인 사례입니다. 국회도 4년에 한 번 있는 선거 때만이 아니라 평상시에도 국민을 두려워하게 만들 필요가 있습니다. 현행 헌법에는 국회가 아무리 일을 안 하고 무능해도 임기 동안에는 제재할 방법이 없지만, 앞으로는 선거 이외에도 국회나 국회의원이 잘못에 대해 언제든 책임을 지도록 하는 방안을 헌법에 규정할 필요가 있습니다.

마지막으로 중요한 것은 헌법이 시민적 소통의 수단이 될 수 있다는 점입니다. 헌법은 한 국가가 지향하는 가장 기본적인 사항들에 대한 합의입니다. 따라서 어떠한 사회적 현안에 대해 토론할 때 헌법을 출발점으로 삼으면 불필요한 오해나 논란을 피하고 해결방안에 초점을 맞출 수 있습니다. 보통 토론을 하게 되면 서로 사용하는 말의 개념이 달라서 초점이 어긋난 대화를 주고받는 경우가 많습니다. 초점이 어긋난 대화를 하면 서로 감정만 상할 뿐 원만한 합의에 도달하기 어렵습니다. 그러나 헌법에 나오는 표현과 개념을 사용하면 헌법에 대한 해석과 현실에 대한 관점의 차이를 온전히 드러낼 수 있습니다. 그렇게 되면 서로의 의견 차이를 보다 분명히 알 수 있습니다. 무엇 때문에 의견이 다른지 알게 되면 의견 차이를 좁히는 데 도움이 됩니다. 이것이 바로 정치가 하는 일입니다. 우리는 그동안 헌법에 대한 이해 부족으로 불필요한 논란을 수없이 겪어야 했습니다. 헌법을 논쟁의 기준으로 삼는다면 비생산적인 논란을 건너뛸 수 있게 될 것입니다.

헌법은 그 자체로는 아무런 힘도 없습니다. 하지만 헌법에 대한 국민적 의지가 높고, 헌법을 문제해결의 기준으로 삼으려고 노력한다면, 그리고 헌법을 권력통제의 수단으로 활용한다면 헌법은 큰 힘을 발휘할 수 있습니다. 나아가 헌법이 사회적 소통의 도구로 자리매김한다면 사회적 갈등을 해소하고 사회 발전에 필요한 에너지 역할을 톡톡히 해낼 것입니다.

2장.

헌법으로
세상에 맞서다

다르게 생각할
권리

　세계 3대 디스토피아 소설로 꼽히는 조지 오웰의《1984》는 가상 국가 오세아니아를 무대로 사람들의 자유로운 생각이나 비판을 단속하는 '사상경찰'이 등장합니다. 오세아니아의 하급 당원인 주인공 윈스턴 스미스는 기록관리국에 근무하면서 '타임지'의 과거 기사를 수정하여 역사를 조작하는 일을 담당합니다. 그러던 어느 날 그는 암시장에서 노트와 연필을 구입하여 일기를 쓰기 시작합니다. 사사로이 일기를 쓰는 것은 당의 방침에 위배되는 것이었습니다. 결국 그는 일당독재에 저항하다가 배신을 당하여 체포됩니다.

다르게 생각할 권리는 헌법이 존재하기 위한 기본 전제입니다. 모두가 획일적인 생각을 하도록 유도하거나 강제하는 사회는 헌법이 존재하는 사회라고 할 수 없습니다. 사람의 생각을 획일화하고 강제하는 것의 문제점에 대해서는 이미 고대 중국의 노자가 예리하게 지적한 바 있습니다.

> 천하가 모두 아름답다고 하면 이것은 추악한 것이고, 모두 선하다고 하면 이것은 선하지 않은 것이다.

조선왕조는 약 500년 동안 실록 편찬에 엄격한 원칙을 고수했습니다. 실록은 왕이 사망한 이후에 사관이 작성한 초안을 토대로 공식적인 편찬 작업에 들어갔으며, 사관의 자유로운 논평을 허락하였습니다. 왕은 자신에 대한 실록의 기초 자료인 초안을 열람할 수 없었습니다. 살아 있는 권력과 역사적 평가의 주체를 분리시킴으로써 조선이라는 나라가 왕의 개인 소유물로 전락하는 것을 막고, 신하들이 왕과 다른 생각을 할 권리를 보장한 것입니다.

우리가 살아가는 것은 나와 생각이 다른 사람들과 함께하는 것을 의미합니다. 생각이 비슷한 사람들과 모인다고 해도 그 속에서 생각이 조금씩 다른 사람들을 만나게 마련입니다. 하물며 수많은 개인이 모인 사회와 국가는 더 말할 나위 없습니다.

헌법에서는 남들과 다르게 생각할 권리를 양심의 자유 혹은 사상의 자유라고 부릅니다. 양심의 자유는 종교의 자유에서 출발하였습니다. 헌법에는 양심의 자유와 종교의 자유가 각각 따로 규정되어 있지만, 그 뿌리는 같습니다. 양심이란 윤리적, 도덕적 가치나 인생관, 세계관에 대한 자기 내면의 진지한 목소리 혹은 신념을 말합니다. 양심은 개인에게 고유한 것으로 누구도 간섭하거나, 확인하도록 강요하거나, 포기하도록 강제할 수 없습니다.

최근 일부 대학가에 '전도거부카드'라는 것이 등장했다고 합니다. 이미 오래전부터 대학가에서는 다양한 종교를 믿는 학생들이 활발히 전도활동을 펼쳐 왔습니다. 전도활동은 종교의 자유에 의해서 보장됩니다. 그런데 전도활동이 지나칠 경우에는 상대방에게 불편을 끼칠 수가 있습니다. 관심이 없다고 하는데도 계속 따라오면서 말을 건다거나, 심지어 뿌리치고 가는 뒤통수에 대고 악담을 하는 경우도 있습니다. 다른 사람에게 피해를 주면서까지 전도하는 것은 종교의 자유를 남용하는 것으로 바람직하지 않습니다. 이런 경우에 대비하여 종교의 자유를 외치는 동아리인 '프리싱커스free thinkers'라는 모임에서 명함처럼 생긴 전도거부카드를 보급하기 시작했다고 합니다. 이러한 전도거부카드가 종교의 자유를 침해한다는 주장도 제기되고 있으나, 이는 명시적으로 전도 거부의사를 밝힌 사람에게 억지로 전도를 시도하는 것이 비신자의 양심의 자유를 침해하는 행위라는 점을 간과한 것이라고 하겠습니다.

양심의 자유를 침해하는 문제와 관련하여 최근 대기업 입사면접에서 면접관이 수험생에게 "현직 대통령에 대하여 어떻게 생각하느냐?", "역사교과서 국정화에 대하여 어떻게 생각하느냐?"는 질문을 하여 물의를 빚은 적이 있습니다. 이와 같은 질문은 명백히 개인의 양심에 따른 판단을 묻는 것으로 헌법에 위반됩니다. 어떤 사안에 대한 의견이나 입장을 묻는 것이 언제나 양심의 자유를 침해하는 것은 아니지만, 정치적으로 민감한 현안에 대하여 뻔히 면접관이 기대하는 답변을 듣기 위하여 질문을 하는 것은 양심의 자유를 침해하는 것입니다.

다만 헌법기관을 비롯한 주요 공직후보자에 대한 국회 청문회에서는 경우가 다릅니다. 이 경우에는 개인의 양심의 자유보다 국회의원의 청문권, 그리고 국민의 알 권리가 우선하게 됩니다. 원래 국가기관이나 대통령, 국무총리, 국무위원과 같은 국가기관은 기본권의 주체가 아닙니다. 그러므로 국가기관은 설령 개인적 양심의 영역에 속한 것이라도 그것이 직무수행과 관련하여 공적으로 중요한 사항인 경우에는 답변할 의무가 있습니다. 예컨대 헌법재판관에게는 성소수자 문제나 양심적 집총거부에 대한 입장을 묻더라도 양심의 자유를 침해하는 것이 아닙니다.

양심적 병역거부, 정확하게는 종교 및 양심상의 이유에 의한 집총거부도 다르게 생각할 권리와 관련하여 최근 중요한 헌법 현안으로 대두되고 있습니다. 오늘날 많은 나라에서는 양심적 병역거부를 인정하고 대체복무를 가능하게 하고 있습니다. 우리나라에서도 특정 종교인들의 집총거부와 관련하여 오래전부터 대체복무의 필요성에 대한 사회적 논란이 있어 왔습니다. 최근 일부 하급심 판례에서는 양심적 병역거부자에 대하여 무죄를 선고한 사례가 나오고 있습니다. 그러나 대법원은 여전히 유죄로 판단하고 있습니다. 남북이 군사적으로 대치하고 있다는 특수한 사정을 감안하더라도 신념에 따라 살상무기 사용을 거부하는 자에게 억지로 무기 사용을 강요하는 것은 당사자의 인권뿐만 아니라 병력을 효율적으로 운영해야 한다는 점에서도 바람직하지 않습니다. 이들에게 엄격한 조건하에 대체복무를 할 수 있도록 하는 방안을 진지하게 논의할 때가 되었습니다.

조선의 대표적인 개혁 군주인 정조는 "백성이 지킬 수 없는 법을 만들지 말라. 그것은 마치 그물을 쳐서 물고기를 잡듯 법을 이용해서 백성을 감옥에 잡아들이는 것과 같다"고 말했습니다. 개인으로 하여금 양심의 자유에 어긋나는 행동을 강요하는 법은 정조가 말한 '백성이 지킬 수 없는 법'에 해당한다고 볼 수 있습니다.

다르게 생각할 권리는 사회의 발전을 위해서라도 반드시 필요합

헌법, 우리에게 주어진 놀라운 선물

니다. 모두가 똑같이 생각하는 사회는 정체되고 말 것입니다. 역사에는 지배적인 의견과 다르다는 이유로 불경스럽거나 무모하다고 여겨진 것들이 나중에 옳았다고 입증된 사례로 넘쳐납니다. 역사를 발전시킨 것은 남과 다르게 생각하고 행동한 사람들이었습니다.

누구도
침묵을 강요받아서는
안 된다

2017년에 미국의 메릴랜드 대학교 졸업식에서 중국인 유학생 양수 핑이 졸업생을 대표하여 연설을 했습니다. 이 연설에서 양수핑은 자신이 미국에 온 것은 깨끗한 공기 때문이라며, 중국에서는 늘 마스크를 써야 했지만 덜레스공항에 도착했을 때 마스크를 모두 버렸다고 말했습니다. 여기까지는 농담으로 받아들일 수 있겠지만, 그다음에 한 말은 진지했습니다. 미국에는 또 하나의 깨끗한 공기, 즉 표현의 자유가 있다고 말한 것입니다.

양수핑의 졸업식 연설 동영상이 유튜브에 올라가자 중국 네티즌들이 분노했습니다. 중국 외교부까지 나섰으니 오죽했을까요. 외교부 대변인은 중국 국민 누구라도 자신의 발언에 책임 있는 태도를 가져야 한다며 양수핑을 우회적으로 비난했습니다. 결국 양수핑은 국가와 고향을 깎아내릴 의도가 없었다면서 진심으로 용서를 바란다고 자국 국민들에게 사과해야만 했습니다.

여러분은 양수핑의 연설을 어떻게 생각하나요? 정치적인 관점에서만 바라본다면 중국에 대해 비판적 태도를 취한 양수핑의 발언이 중국 정부나 국민들로부터 정치적으로 지탄받을 수 있을 것입니다. 그러나 헌법의 관점에서 본다면 중국 현실에 대한 자신의 의견을 객관적인 사실에 근거하여 말한 것이므로 이는 표현의 자유에 의하여 보장되어야 합니다. 표현의 자유는 언론·출판의 자유와 집회·결사의 자유를 포괄하여 일컫는 말입니다.

표현의 자유는 동서고금을 막론하고 인간이 가장 많이 탄압받아 온 권리 가운데 하나입니다. 이 때문에 과거에는 책을 익명으로 출간하는 경우가 많았습니다. 자칫하면 필화^{筆禍}에 연루될 수 있었기 때문입니다. 서양 중세시대에는 교회의 사전 검열을 거쳐 허가를 받지 않으면 책을 낼 수 없었습니다. 갈릴레오 갈릴레이는 교황 우르바노 8세를 설득하여 허락을 얻고 5년간 집필 끝에 전통적인 천동설과 코페르니쿠스의 지동설을 비교 설명하는 《프톨레마이오스-코페르니쿠스 두 개의 주요 우주 체계에 대한 대화》라는 책을 펴냈습니다. 이 책은 집필을 시작할 때도 교황의 승인을 얻었고, 집필을 완성한 뒤에는 검열관의 검열까지 거쳐야 했습니다. 그러나 이렇게 까다로운 절차를 통과했음에도 교황은 갈릴레오가 처음에 약속한 '천동설과 지동설에 대한 균형 잡힌 해설' 대신 지동설에 치우쳐 서술했다는 이유로 종교재판에 회부하여 종신 가택연금형을 선고하였습니다.

표현의 자유는 사회적 반발을 불러일으키는 경우가 많습니다. 특히 자기가 속한 사회나 국가에 대한 비판적 표현은 국가권력에 의해 탄압을 받거나 또는 다수의 대중에 의해 매도당하기 일쑤입니다. 언론이나 출판의 내용이 정부당국이나 사회 다수파를 옹호하는 것이라면 굳이 표현의 자유를 동원하지 않아도 보호받을 것입니다. 표현의 자유가 필요한 것은 주로 권력이나 다수파에 대하여 비판적 의견을 개진하는 경우입니다.

영국의 존 밀턴은 표현의 자유를 위한 경전이라고 할 수 있는 《아레오파지티카》에서 "나에게 어떤 자유보다 양심에 따라 자유롭게 알고 말하고 주장할 수 있는 자유를 달라"라고 외쳤습니다. 또한 "진리와 허위가 맞붙어 논쟁을 하도록 하라. 누가 자유롭고 공개적인 대결에서 진리가 불리하게 되는 것을 본 일이 있는가? 진리의 논

헌법, 우리에게 주어진 놀라운 선물

박이 허위를 억제하는 최선의 그리고 가장 확실한 방법이다"라고 하여 '사상의 자유시장' 이론을 처음으로 제기했습니다. 사상의 자유시장 이론은 당국이 언론과 출판에 대해 개입하지 않아도 틀린 주장은 사회적 논쟁을 통해서 자연히 도태될 것이라고 말합니다. 이 이론은 표현의 자유를 옹호하는 근거가 되고 있습니다. 밀턴의《아레오파지티카》는 영국의 권력이 군주에서 의회로 넘어가는 영국내전(청교도혁명)의 한복판에서 쓰였는데, 밀턴은 영국 의회에 이 책을 헌정합니다. 그는 이 책에서 한때 성서조차도 교회의 금서목록 1위에 있었다면서 출판물에 대한 허가나 검열은 진리의 확산을 막는 악덕이며, 예수 그리스도가 항상 공개적인 장소에서 대중과 직접 소통하며 자신의 주장이 진리임을 입증했듯이 언론과 출판도 공개적인 논쟁을 통해서만 진리의 여부를 확인받을 수 있다고 주장했습니다. 그는 절대자 다음으로 강한 것이 진리라는 확신을 가지고 있었기 때문에 국가권력이나 당시의 종교적 권력으로도 진리 탐구를 위한 인간의 시도를 억압해서는 안 된다고 보았습니다. 아울러 진리에 대한 접근은 폭력이나 불관용이 아니라 토론과 설득에 의한 관용적 태도에 의해서 달성될 수 있다고 생각했습니다. 밀턴의 이 같은 주장은 오늘날까지도 표현의 자유를 정당화하는 이론적 근거로 인용되고 있을 뿐만 아니라 민주주의국가의 일반적인 운영 원리로 받아들여지고 있습니다.

그러나 표현의 자유가 무한정 보호되는 것은 아닙니다. 표현의 자유가 사회질서를 해치거나 타인의 권리를 침해하는 경우에는 불가피하게 제한할 수 있습니다. 많은 이들이 밀집한 영화관에서 누군가 갑자기 장난삼아 "불이야!" 하고 외친다면 사람들이 놀라 급하게 대피하려다 다치는 사람이 생길 수도 있습니다. 바다에 여객선이 조난되어 구조를 애타게 기다리고 있는데 제대로 확인하지 않은 채 전원 구조되었다고 허위 보도를 하여 구조 작업이 중단된다면 이는 많은 사람들의 생명을 위협하는 행위가 될 수 있습니다. 이런 경우까지 표현의 자유로 보호한다면 사회의 신뢰 기반이 무너지고 말 것입니다. 이처럼 명백하고 현존하는 위험을 초래하는 표현 행위는 표현의 자유를 제한받을 수 있습니다.

또한 표현의 자유를 행사한 결과가 다른 사람의 사생활이나 인격권을 침해하는 경우도 있을 수 있습니다. 이는 표현의 자유와 사생활의 비밀, 자유, 인격권 등 개인 간의 기본권이 충돌하는 경우입니다. 이런 경우에는 주어진 구체적 상황에서 양쪽 당사자들이 누리는 권리의 경중을 따져 해결해야 합니다. A라는 기자가 B라는 공직 후보자의 과거 행적과 발언 또는 가족과 관련된 내용을 보도하면서 이에 대한 의견을 피력했을 경우, 설령 그것이 B의 사생활을 침해했다 하더라도 B가 공직에 취임할 경우에 사회에 미치는 영향력을 감안하여 A의 표현의 자유를 우선적으로 보호할 필요가 있습니다. 이는 B가 공직에 취임한 이후에도 마찬가지입니다. 만약 B가 공직후 보자가 아닌 일반인이라면 B의 사생활 보호가 우선하게 될 것이고, A는 사생활 침해에 대한 법적인 책임을 져야 할 것입니다.

파랑새를
찾아서

벨기에의 극작가 모리스 마테를링크가 쓴 동화극 《파랑새》에는 가난한 집에 살고 있는 틸틸과 미틸 남매가 주인공으로 등장합니다. 올해는 산타클로스가 오지 않는다는 부모님의 말을 듣고 실망한 어린 남매는 창밖 길 건너 부잣집에서 아이들이 즐겁게 파티를 하는 장면을 바라보면서 부러워합니다. 그때 이상한 할머니가 남매를 찾아와서는 자기 딸의 병을 고치려면 파랑새가 필요하다면서 파랑새를 구해 달라고 합니다. 남매가 신발이 없어 파랑새를 찾아 나설 수가 없다고 하자, 할머니는 어디든 갈 수 있는 마법의 모자를 씌워 줍니다. 틸틸과 미틸은 마법의 모자를 쓰고 여러 요정의 도움을 받아

헌법, 우리에게 주어진 놀라운 선물

'추억의 나라'와 '미래의 나라' 등으로 여행을 떠납니다. 그러나 간신히 파랑새를 손에 넣어도 이내 색깔이 변하거나 죽어 버리고 맙니다. 결국 오랜 여행 끝에 집에 돌아온(사실은 꿈에서 깨어난) 남매는 자기 집 새장에 키우던 비둘기가 파랗게 변한 것을 발견합니다. 그때 이웃집 아주머니가 와서 불씨를 빌려 달라고 하는데, 그녀는 남매에게 파랑새를 구해 달라고 했던 할머니와 흡사했습니다. 남매는 아주머니에게 파랑새를 전합니다. 그러자 아주머니는 기뻐하면서 자기집에 가서 어린 딸을 데려옵니다. 그 아이는 원래 걸을 수가 없었는데 파랑새를 얻자 걸을 수 있게 된 것입니다. 그런데 틸틸이 아이의 손에 있는 파랑새를 쓰다듬으려 하는 순간 파랑새는 날아가 버립니다. 틸틸은 울고 있는 아이에게 다시 파랑새를 구해 주겠다고 이야기하면서 동화극은 막을 내립니다. 이 동화극에서 파랑새는 행복을 상징하는 모티브로 등장합니다. 작가는 행복이 먼 곳에 있는 것이 아니라 가까운 곳에 있음을, 그리고 과거와 미래가 아닌 현재에 있다고 말합니다. 또한 행복은 항상 우리 곁에 있는 것이 아니라 행복을 찾는 순간 달아나고 또 다른 행복을 찾아야 한다고 말합니다.

　모든 사람은 행복하고 싶어 합니다. 그러나 사람마다 행복을 느끼는 기준이나 정도가 다르기 때문에 무엇이 사람에게 행복을 가져다준다고 일률적으로 말하기는 어렵습니다. 우리 헌법에는 행복을 추구할 권리가 명시되어 있습니다. 행복의 의미만큼이나 행복추구권에 대한 해석도 다양합니다. 기본적으로 행복추구권은 개인이 행복을 추구할 자유가 있음을 의미합니다. 개인이 행복을 추구하는 행위에 대해서 국가가 함부로 간섭할 수 없으며, 국가는 개인이 자유롭게 행복을 추구할 수 있도록 보장해야 합니다. 그러나 국가가 직접 나서서 모든 국민을 행복한 상태에 있도록 할 의무는 성립하기 어렵습니다. 국가가 모든 국민을 행복하게 해야 한다고 해석한다면 이는 국가에게 불가능한 것을 요구하거나 국민에게 획일적인 행복의 기준을 강요하는 것일 수 있기 때문입니다. 따라서 국민은 국가에게 행복하게 해달라고 청구할 권리를 가지는 것이 아니라 개인이 행복을 추구할 자유를 침해하지 않도록 요구할 권리를 가집니다.

행복추구권은 헌법에 명시되지 않은 자유와 권리의 근거 조항으로 활용됩니다. 우리나라 헌법재판소는 18세 미만 청소년의 당구장 출입을 금지하는 것, 서울광장에 경찰차벽을 설치해서 시민의 통행을 막는 것, 가정의례법에서 하객에게 주류 제공을 금지하는 것 등이 행복추구권에서 파생되는 '일반적 행동자유권'을 침해하여 위헌이라고 판단하였습니다. 형법상의 간통죄 처벌 조항도 일반적 행동자유권을 구성하는 성적 자기결정권을 침해하는 것으로 위헌이라고 결정이 내려졌습니다.

일반적 행동자유권의 중요한 내용 가운데 하나가 계약의 자유입니다. 대부분의 사회 활동은 당사자 사이의 의사 합치로 이루어지는 계약을 매개로 이루어진다고 볼 수 있습니다. 따라서 계약의 자유는 비록 헌법에 명시적인 규정이 없어도 행복추구권에서 파생되는 일반적 행동자유권에 의해서 보장됩니다.

행복추구권에는 개성 및 인격의 자유로운 발현권도 포함됩니다. 개성이란 개인이 남과 구별되는 자기만의 고유한 성격이나 특성을 말하는데, 민주주의국가에서 개인의 개성은 인격과 함께 보장됩니다. 개성과 인격은 개인주의를 떠받치는 중요한 헌법적 가치입니다. 구체적으로는 복장, 두발, 기호품, 취미생활, 라이프스타일 등을 결정할 자유를 포함합니다.

앞에서 행복추구권은 개인이 행복을 추구할 때 국가나 타인으로부터 간섭받지 않을 자유를 의미한다고 설명했습니다. 그 이유는 행복에 대한 정의가 사람마다 다르고, 그러한 욕구를 모두 채워 주기에 국가의 능력이 제한되어 있기 때문입니다. 그러나 사람들의 행복추구를 위해 필요한 최소한의 물질적 조건은 국가가 보장해 줘야 할 필요가 있습니다. 특히 빈부 격차가 심해지고, 소득 상위 10퍼센트가 전체 국민소득의 절반 수준을 차지하고, 계층 이동의 기회가 점점 줄어들면서 이러한 필요성이 더욱 높아지고 있는 것이 사실입니다. 이 때문에 최근에는 모든 국민 또는 일부 국민부터라도 기본소득을 지급하자는 주장이 힘을 얻고 있습니다. 실제로 일부 국가에서는 이미 시범적으로 기본소득을 지급하고 있습니다.

행복을 추구할 여력조차 없이 하루하루를 한계선상에서 버티는 사람에게는 행복을 추구할 자유조차 없는 것이 사실입니다. 이런 사람들에게는 누군가가 행복을 추구할 수 있는 '기력'을 불어넣어 줘야 합니다. 펌프로 물을 퍼내려면 마중물을 부어 줘야 하듯이, 개인의 행복추구도 최소한의 인간다운 삶을 영위할 수 있는 물질적 조건이 뒷받침될 때 가능합니다. 행복의 경제학적 정의는 흔히 '소유를 욕구로 나눈 것'이라고 합니다. 따라서 행복을 증진시키기 위해서는 욕구를 줄이거나 소유를 늘려야 합니다. 욕구를 줄이는 문제는 철저히 개인의 영역에 속하며 다른 사람이 욕구를 줄이라고 강요할 수 없습니다. 그러나 소유를 늘리는 것은 개인뿐만 아니라 지역, 사회, 국가가 함께할 수 있습니다. 만약 개인의 물질적 소유를 개인만의 문제로 둔다면 한번 수렁에 빠진 사람은 다시 행복을 찾기 어려울 것입니다. 세상에는 태어나서 단 한 번도 물질적 궁핍에서 해방된 삶을 살아보지 못한 사람들이 많습니다. 또한 그보다 더 많은 사람들이 한때 풍요로웠으나 이내 궁핍해지고 있습니다. 양극화로 인한 상대적 박탈감도 심각합니다. 우리 모두가 함께 행복해지기 위한 노력이 절실합니다. 불행은 나누면 작아지고 행복은 나누면 커집니다.

헌법, 우리에게 주어진 놀라운 선물

교장선생님의
3년치 이메일

스웨덴의 한 중학생이 정보공개청구에 대한 수업을 듣고 나서 자신에게도 학교의 모든 정보를 청구할 권리가 있다는 것을 알고 교장선생님의 3년치 이메일을 공개해 달라고 요청했습니다. 교장선생님은 3년 동안 약 1만 개의 이메일을 주고받았는데, 메일을 복사하기까지 오랜 시간이 걸렸지만 학생의 청구권을 인정하여 공개했습니다. 학교 측은 그 학생에게 교장선생님의 이메일이 왜 필요한지 묻지 않고 바로 이메일을 제공했습니다. 2017년 2월 19일 SBS스페셜 〈시크릿 공화국〉에 소개된 에피소드입니다. 이 프로그램의 인터뷰에서 스웨덴 국가기록원 관계자는 "정부는 그런 정보를 감출 수 있는 권한이 없어요. 대중매체에 공개하게 되어 있어요. 예를 들어 총리와 정부 관리의 오찬회동 식사비용을 알고 싶다면 24시간 이내에 정보를 제공받을 수 있으며 급한 일이면 더 빨리 받을 수도 있어요"라고 말했습니다. 스웨덴은 이처럼 모든 것을 투명하게 공개하기 때문에 정부 법인카드로 가족에게 초콜릿을 사준 총리후보자도, TV수신료를 미납한 장관도 모두 사퇴해야 했습니다.

일반적으로 공공기관에 대한 정보공개청구권은 앞에서 살펴본 표현의 자유에서 이끌어 낸 알 권리의 일부를 이룹니다. 언론과 출판을 통해서 어떤 의견이나 주장을 피력하기 위해서는 우선 그러한 의견이나 주장을 뒷받침할 수 있는 정보를 알아야 합니다. 이를 위해서는 정보를 보유하고 있는 정부 등 공공기관에 필요한 정보를 청구할 수 있어야 합니다. 우리나라에도 이를 위해 '공공기관의 정보공개에 관한 법률'에서 정보공개청구권을 규정하고 있습니다. 이 법률에 따르면, 공공기관이 보유하고 관리하는 정보는 국민의 알 권리 보장 등을 위하여 법률이 정하는 바에 따라 적극적으로 공개해야 합니다.

정보공개청구와 관련하여 최근 한국의 구체적인 사례로는 '투명사회를 위한 정보공개센터'가 서울시 25개 자치구에 농약 사용실태 정보공개를 청구하여 확보한 자료에 2016년 3개 구에서 발암가능

물질이 포함된 농약이 가로수에 사용된 것으로 나타난 것을 들 수 있습니다. 한편 청년참여연대와 반값등록금 국민본부에서 각 대학의 입학금 사용내역에 대한 정보공개를 청구한 때에도 대부분의 대학교가 정보공개를 거부했지만 한 대학교만은 양심적으로 공개를 했습니다. 우리나라에서는 여전히 정보공개가 제대로 이루어지지 않는 경우가 많습니다.

일반 시민은 물론 국회의원이 자료를 요구해도 공개하지 않거나 자료를 보내더라도 성의 없이 작성하여 보내는 경우가 많습니다. 정보를 보유하고 관리하는 입장에서는 자기들만 알고 있는 정보 자체가 권력이기 때문에 가급적 이런저런 핑계를 대며 공유하지 않으려는 습성이 있습니다. 그러나 이는 민주주의국가에서 반드시 사라져야 할 악습입니다.

〈뉴스타파〉라는 비영리 언론매체에서 2017년 4월에 미국 국무부를 상대로 정보공개를 청구하여 입수한 주한 미국대사관의 보고서를 공개한 적이 있습니다. 보고서 중에는 세월호 참사, 메르스 사태, 방위산업비리 수사 등에 관련된 비밀전문이 포함되어 있었습니다. 공개된 미국 국무부 문서는 2014년 4월 16일 세월호 참사 발생 당일부터 2015년 9월 4일까지 1년 5개월 동안 생산된 46건의 외교전문입니다. 최근 사안이어서 민감한 부분이 많아서인지 문서의 상당 부분이 삭제된 상태였으나 공개된 내용만으로도 미국이 한국의 국내 정세를 얼마나 면밀히 파악하고 있는지 알 수 있습니다.

공공기관이 보유하고 있는 정보는 주권자의 세금으로 형성된 것이므로 주권자인 국민에게 숨김없이 공개하는 것이 당연합니다. 선진국에서 청소년들에게 정보공개청구권을 교육할 때 국민주권의 원칙에서 출발하는 것도 바로 이 때문입니다. 많은 선진국에서 정보공개청구권은 국민뿐만 아니라 외국인에게도 인정되고 있습니다. 앞서 살펴본 〈시크릿 공화국〉에서는 외국인인 SBS기자들이 스웨덴 총리의 만찬과 관련한 정보(장소, 메뉴, 비용 등)를 요구하자 하루 만에 이메일로 정보를 보내온 장면이 방영되었습니다. 또한 한국의 언론매체인 〈뉴스타파〉가 미국 국무부에 요구한 정보공개에서도 비록 많은 부분이 삭제되기는 했지만 자료를 공개한 사실도 주목할 필요가 있습니다. 외교 안보와 관련된 정보의 경우, 특히 그것이 최근 벌어진 민감한 사안일 경우에 자국민도 아닌 외국인에게 공개하기란 쉬운 일이 아닙니다. 현재 미국, 영국, 일본, 독일 등은 외국인에게도 정보공개청구권을 인정하고 있습니다. 이에 우리나라의 전문가들은 정보가 비공개 사유에 해당하더라도 공익을 위한 경우에는 적극적으로 공개할 수 있도록 근거 규정을 만들고, 정보공개청구제도에 관한 교육 및 홍보 강화, 공공기관 종사자의 정보공개 관련 위법행위 시의 처벌과 제재 근거 명시, 정보공개청구권을 오남용하는 경우의 제재 수단 명시, 정보공개 옴부즈맨 등의 시민 참여제 도입이 필요하다고 주장하고 있습니다.

　최근 우리 사회에는 살충제 계란, 유해물질 생리대 파동으로 국민 건강에 직결되는 생활필수품에 대한 신뢰에 금이 갔습니다. 계란의 경우 서민들의 중요한 단백질 공급원임에도 살충제가 검출되면서 인체 유해성 여부에 대한 논란이 일었고, 계란의 생산 및 유통과정 전반의 관리 소홀도 함께 도마에 올랐습니다. 생리대의 경우 처음에는 특정 회사의 제품만 문제가 되는 듯했으나 다른 회사 제품에 대한 의혹도 제기되는가 하면, 검출된 물질이 선진국에서도 다 쓰는 것으로 인체에 해롭지 않다는 의견을 당국이 내놓기도 했습니다. 이처럼 많은 이들이 불안해하는 사건이 발생했을 때는 모든 것을 투명하게 공개해야 합니다. 감추려고 할수록 의혹은 더 커지기 마련입니다.

　2015년 메르스 사태로 인한 공포감이 절정으로 치닫던 2015년 6월 4일 밤 10시 30분, 당시 박원순 서울시장은 긴급기자회견을 열고 메르스 증세를 보이는 의사가 일반인 재건축조합원 1천 5백여 명이 있는 자리에 참석한 사실을 비롯한 자세한 상황을 설명하고, 대책수립 과정에서 보건복지부와 질병관리본부가 충분한 정보를 파악하고 있지 않아 서울시가 직접 재건축조합원 명단을 입수하여 보건복지부와 질병관리본부에 제출하고 적극적인 대처를 촉구했다는 사실을 밝혔습니다.

당시 정부의 늑장 대응과 비밀주의로 인해 답답하고 불안했던 국민들은 박 시장의 투명한 정보공개와 설명을 듣고서야 비로소 답답하고 불안한 마음을 달랠 수 있었습니다. 메르스 사태는 "정직이 최선의 정책"이라는 격언을 실감할 수 있던 대표적 사례입니다.

헌법, 우리에게 주어진 놀라운 선물

산티아고 순례길을
걷고 싶은
사회초년생

'산티아고 순례길'은 예수의 제자였던 야곱이 복음을 전파하기 위해서 걸었던 길로 프랑스의 생장 피에드포르에서 그의 유해가 있는 스페인 북서부 도시 산티아고 데 콤포스텔라까지 약 800킬로미터에 이르는 세계에서 가장 유명한 도보여행 코스입니다. 파울로 코엘료가 직접 이 길을 걸으면서 구상한 소설 《순례자》가 출간된 이후 더욱 유명해졌으며, 1993년에 유네스코 세계문화유산으로 지정된 이후에는 전 세계에서 순례객이 몰려들기 시작했습니다. 《순례자》에는 이런 구절이 나옵니다.

인생에서 가장 중요한 것이 충만한 삶을 즐기는 것일진대, 나는 무엇 때문에 거절당할까 두려워하고 하고 싶은 일을 훗날로 미루었던 것일까?

이런 글을 읽으면 당장이라도 짐을 싸서 산티아고 순례길을 걷고 싶은 생각이 들지 않습니까? 그러나 안타깝게도 산티아고 순례길을 걷기 위해서는 사회초년생의 한 달 월급을 모두 써도 부족합니다. 39일에 걸친 800킬로미터 전 구간 도보여행 상품의 기본요금은 300만 원이 넘습니다. 18일 동안 주요 구간 250킬로미터를 도보로 이동하고, 나머지 구간을 차량을 이용할 경우에는 500만 원대에 달합니다. 가족이나 누군가에게 후원을 받거나 빌리지 않는 한 사회초년생들에게는 선뜻 지르기 어려운 금액입니다.

여행은 일상에서 벗어나 심신을 새롭게 가다듬고 재충전하는 기회가 됩니다. 특히 해외여행은 낯선 타지에서 새로운 사람과 문화를 접하면서 인식의 지평을 넓히기 위해 반드시 필요하기도 합니다. 여행이야 언제 어느 때든 좋고 의미 있지만, 사실 인생에서 가장 절실하게 여행이 필요한 시기는 젊을 때가 아닌가 싶습니다. 젊은 시절에 견문을 넓힐 수 있다면 앞으로 사회에 나가 살아가는 데 큰 힘이 되지 않을까 생각하기 때문입니다.

여행을 많이 다닌 사람들을 보면 대체로 마음에 여유가 있고, 매사를 긍정적인 관점에서 생각하는 경향이 있는 것 같습니다. 히브리어에 '현자賢者'와 같은 말에는 '멀리서 온 사람'이라는 뜻이 있다고 합니다. 이를 보면 유대인들은 긴 여행을 통해서 현명해진다는 것을 경험적으로 알고 있던 것 같습니다. 그들은 나라를 잃고 전 세계에 흩어져 살아야 했기 때문에 낯선 곳에 적응하는 과정에서 지혜를 터득하게 되었는지도 모르겠습니다.

하지만 치열한 입시경쟁과 졸업 후에도 바늘구멍 같은 취업난을 겪어야 하는 한국의 젊은이들에게 여행은 쉽지 않습니다. 어학연수와 같은 단기 해외연수는 다녀오지만 진정으로 자기 삶을 성찰하고 자신을 발견하기 위한 여행은 좀처럼 엄두를 내지 못하는 것 같습니다. 무엇보다 시간과 비용이 문제입니다. 어학연수는 진학이나 취업에 도움이 된다는 이유라도 댈 수 있지만, 자유롭게 경험을 넓히기 위한 여행은 그냥 놀다 오는 것으로 생각되어 시간이나 비용을 투자할 명분조차 없습니다. 사회에 발을 내딛자마자 비용 대비 성과를 따져야 하는 청년들의 각박한 현실이 안타깝습니다.

최근 미국과 유럽에서는 고등학교를 졸업하고 대학에 입학하기 전이나 학부를 졸업하고 대학원에 진학하기 전에 1년 정도 입학을 미루고 자유롭게 다채로운 경험을 쌓을 수 있는 기간인 '갭이어Gap year'가 확산되는 추세입니다. 갭이어 기간 중에는 국내외 여행은 물론 자원봉사, 해외연수, 인턴, 진로 탐색 등 자신이 원하는 무엇이든 할 수 있습니다. 갭이어의 취지는 학교 정규과정에서 벗어나 자유롭게 자신의 정체성과 열망을 확인하고 새 출발의 에너지를 충전하기 위한 것입니다.

미국은 하버드와 프린스턴 대학을 비롯한 많은 대학들이 갭이어를 권장하고 있으며 일부 대학은 아예 커리큘럼에 갭이어 프로그램을 포함시키고 있습니다. 갭이어에 관심 있는 고등학생들을 위한 특별 상담교사를 두는 등 갈수록 확산되는 추세입니다. 전미갭이어협회American Gap Association의 통계에 따르면, 2014년에 약 4만 명이 갭이어 프로그램에 참가했으며, 이는 2006년 이후 20퍼센트 증가한 수치입니다. 공식적인 갭이어 프로그램 가운데는 연간 3만 달러 정도의 비용이 소요되는 고가의 프로그램도 있지만 보다 저렴한 비용으로 참여할 수 있는 다양한 대안이 있습니다. 예컨대 18세에서 24세 사이의 학생들은 10개월간 일정한 봉사활동을 약속하면 숙박비, 식비와 교통비를 전액 제공해 주는 전국지역사회봉사단National Civilian Community Corps 프로그램도 있습니다. 이들은 팀을 구성하여 여행을 하거나 국립공원 산책로 재건, 자연재해 복구 작업, 불우 청소년을 위한 멘토 역할 등 다양한 업무를 수행합니다.

여행의 자유는 헌법상 거주이전의 자유에 포함되는 중요한 권리입니다. 젊은이들이 꽉 짜인 학교생활에서 벗어나 생활 속에서 다양한 경험을 쌓는 것은 개인의 행복추구를 위해서도 꼭 필요합니다. 그러나 국가나 사회가 자유만 던져 주고 실제로 그 자유를 누릴 수 있는 조건에 무관심하다면 그런 자유는 그림의 떡에 불과할 것입니다. 과거에는 국가가 개인의 삶에 적극적으로 개입하기보다 기본적인 치안 유지만 보장하면 할 일을 다했다고 보았습니다. 그러나 오늘날은 국가가 손을 놓고 있으면 제 역할을 다하지 않은 것으로 평가되어 선거에서 유권자로부터 냉엄한 심판을 받게 됩니다. 양극화가 갈수록 심해지면서 형편이 어려운 사람들에게는 국가가 최소한의 도움을 줘야 한다는 생각이 보편화되었습니다. 따라서 개인의 자유를 실질적으로 보장하기 위한 입법, 예산편성, 집행 등의 조치를 취하는 것은 현대 국가의 중요한 과제입니다.

사육된 온실 속의 화초가 아니라 거센 풍파를 헤쳐 나아가려면 젊은 시절에 모든 익숙한 것과 결별하는 경험도 필요합니다. 고된 학교생활과 입시경쟁에 지쳐 있는 한국 학생들이 갭이어와 같은 프로그램을 통해 과감히 일상 탈출을 시도해 보길 권합니다.

내 집에서
살아 보고 싶어요

고려시대에 시작된 '병작반수並作半收'라는 제도가 있습니다. 남의 땅에서 농사짓는 소작인이 한 해 수확량의 절반을 지주에게 바치는 제도로 고려시대의 일반적인 소작 형태였습니다. 이는 백성들에게 너무 부담스러운 것이어서 조선 태조 이성계는 위화도회군 이후 과전법을 도입합니다. 과전법은 관료들이 국가에서 나누어 받은 토지(과전)의 소작료를 10퍼센트로 제한했습니다. 그러나 서울과 경기 이외의 지방에서는 여전히 병작반수가 허용되었고, 15세기 말에는 다시 전국적으로 병작이 일반화되었습니다.

그런데 놀랍게도 이러한 농경시대 병작반수의 관습은 지금까지

헌법, 우리에게 주어진 놀라운 선물

이어지고 있습니다. 다만 현재는 농촌이 아닌 도시에서 병작반수를 한다는 게 특징입니다. 2016년 서울지역 노인 1인가구의 '월 소득 대비 임대료 비율RIR'은 50.3퍼센트에 달하고 있습니다. 노인들이 힘들게 번 돈과 연금의 절반을 집세로 내는 이 같은 현실은 우리나라가 OECD 회원국 중 노인빈곤율 1위를 기록하게 만드는 주된 원인이 되고 있습니다. 전국 세입자의 평균 RIR은 18퍼센트인데, 서울은 평균 22.2퍼센트 달하며 소득의 30퍼센트를 임대료로 지출하는 가구의 비율도 절반에 가깝습니다. 사회에 진출하여 생애 첫 내 집마련에 소요되는 평균 기간은 서울의 경우 8년(전국 평균은 6.7년)이 걸립니다. 서울 시민 가운데 자기 집에서 사는 비율은 42퍼센트밖에 안 됩니다. 서울의 집값은 연간 소득 대비 8배 이상 높고 전국 평균은 5배가 넘습니다. 서울지역 아파트의 중위가격은 2017년 4월부로 6억 원을 넘었습니다.

한국에서 사회인이 되어서 가장 먼저 할 일은 내 집을 어떻게 마련할 것인가에 대한 계획을 세우는 일입니다. 부모로부터 물려받은 재산이 많거나 고소득 전문직에 종사하지 않는 이상 내 집 마련은 평생을 두고 따라다니는 숙제가 될 것이기 때문입니다. 우리나라는 월세 임대료가 소득의 3분의 1에 달할 정도로 매우 비싸고, 전세라는 이상한 제도가 있어서 전셋집에 살려면 집값의 70~80퍼센트에 달하는 목돈을 보증금으로 내야 합니다. 서민들에게는 사실상 전 재산이나 다름없습니다. 내 집을 마련하는 경우에도 대부분의 서민들은 집값의 절반 가까이를 주택담보대출로 충당하기 때문에 상당한 기간 동안 이자를 부담해야 합니다. 서민들을 위한 주택금융, 예컨대 보금자리론과 같은 경우는 연이율 2퍼센트대짜리도 있지만 보통은 3~5퍼센트대입니다. 예컨대 서울지역 중위가격인 6억 원대 아파트를 구입하기 위해 은행에서 3억 원을 대출받는다면 연간 지불해야 하는 이자만 9백만 원에서 1천5백만 원에 달합니다. 2016년 대졸신입사원의 평균연봉이 대기업 3,893만 원, 중소기업 2,455만 원이라는 점을 생각하면 이자 부담이 얼마나 큰 것인지 짐작할 수 있을 것입니다. 요약하면 우리나라 사람은 자기가 번 돈의 20~50퍼센트를 집주인이나 은행에 갖다 바쳐야 하는 것이 현실이라는 것입니다. 그렇다고 선진국들처럼 국가가 주택구입자금을 지원해 주는 것도 아닙니다. 영국은 국내총생산의 1.4퍼센트, 한화로 약 40조 원을 매년 주택구입자금으로 지원해 줍니다. 미국과 일본은 0.1퍼센트, 독일과 프랑스는 0.6~0.8퍼센트 정도입니다. 그러나 우리나라는 불과 0.05퍼센트에 불과하며 그나마도 서민들의 주택담보대출 방식이어서 선진국의 주택 가격할인 또는 무이자 대출과는 거리가 있습니다.

자가 주택 보유율이 50퍼센트 초반대로 매우 낮은 한국에서 젊은이들은 내 집 마련을 위해 만만치 않은 이자를 갚아 나갈 각오를 하거나 아니면 평생 벌어서 집주인 좋은 일만 해야 합니다. 따라서 내 집을 마련하려면 먼저 대출금 이자의 기본적인 개념을 알아야 합니다. 금융기관의 대출금을 갚아 나가는 방식에는 거치식 상환, 원금 균등분할 상환, 원리금 균등분할 상환, 만기 일시상환의 네 가지가 있습니다.

첫째, 거치식 상환은 거치기간 동안 이자만 납부하고, 거치기간이 끝나면 원금과 이자를 다양한 방식으로 결합하여 상환하는 방식입니다. 장점으로는 소득 수준이 높지 않거나 원리금 균등분할 상환이 부담스러운 사람에게 적합합니다. 장기간 대출이 가능해서 주택담보대출 가운데 가장 많이 사용되는 방식입니다. 그러나 이자가 높은 편이고 거치기간 동안 원금상환을 하지 않기 때문에 원금에 대한 부담이 줄어들지 않는다는 단점이 있습니다.

둘째, 원금 균등분할 상환은 대출원금을 대출기간 동안 일정한 금액으로 나누어 상환하는 방식입니다. 이때 이자는 매번 줄어든 원금에 대하여 계산하기 때문에 계속 줄어들게 됩니다. 이자 비용이 가장 저렴하고, 시간이 지나면서 상환금액이 줄어들지만 처음에는 상환 부담이 큰 편입니다. 또 매월 갚아 나가야 할 금액이 달라서(원금 상환액은 일정하지만 이자가 계속 줄어들기 때문) 계산하기 불편한 것이 흠입니다.

셋째, 원리금 균등분할 상환은 대출 만기일까지의 원금과 총 이자를 합산한 금액을 대출기간으로 나누어 매회 일정 금액을 상환하는 방식입니다. 장점은 상환금액이 일정하여 계획적인 자금 운영이 가능하다는 것이고, 단점은 상환방식 가운데 초기상환 부담이 가장 크다는 점을 들 수 있습니다.

마지막으로 만기 일시상환은 대출기간 동안 이자만 납부하다가 대출만기일에 원금을 한꺼번에 상환하는 방식입니다. 조기상환 부담이 가장 적어서 만기일까지 대출금으로 투자수익을 올릴 수 있다면 경제적인 선택이 될 수도 있습니다. 다만 다른 상환방식에 비하여 이자 비용이 가장 크며, 만기에 원금을 한 번에 상환해야 하므로 미리 목돈을 준비해야 한다는 단점이 있습니다.

지금까지 살펴본 네 가지 방식에 따라 이자 부담이 얼마나 차이가 나는지 살펴봅시다. 예를 들어 1억 원을 연 5퍼센트, 5년 만기 조건으로 대출받는다고 할 때 부담하게 되는 총 이자는 원금 균등분할 상환이 12,708,333원, 원리금 균등분할 상환이 13,227,402원, 만기 일시상환이 25,000,000원입니다. (거치식 상환은 거치기간 및 상환조건에 따라서 달라질 수 있음) 이처럼 어떤 상환방식을 선택하느냐에 따라 부담해야 하는 이자액이 크게 차이가 나므로 대출받을 때 잘 판단해야 합니다.

헌법, 우리에게 주어진 놀라운 선물

우리나라는 부동산 시장이 크게 왜곡되어 있습니다. 왜곡된 부동산 시장을 바로잡기 위한 근본적인 치유책을 쓸 경우에 경제 전체가 붕괴될 수 있을 정도로 심각합니다. 그렇다고 이대로 놔둘 수는 없습니다. 지금 상태를 그대로 방치한다고 해도 경제는 무너지게 되어 있습니다. 이러지도 저러지도 못하는 상황에 처해 있는 것입니다. 이렇게 된 이유는 1960~70년대의 고도 성장기에 부동산을 생활의 터전이 아닌 재산증식의 수단으로만 보았기 때문입니다. 이처럼 부동산에 대한 잘못된 접근법이 현재까지 국가경제의 틀을 이루어 왔다고 해도 과언이 아닙니다. 우리나라는 아파트를 짓기 전에 미리 분양하는 선분양제를 택하고 있는데, 이를 다른 나라처럼 완공 후에 분양하는 후분양제로 바꾼다거나 우리나라에만 있는 전세제도를 폐지한다면 아마도 전국에 연쇄부도사태가 일어나 금융이 붕괴되고 말 것입니다. 지금의 부동산 시장을 인체에 비유한다면 고대 중국의 화타와 같은 명의가 필요할 정도입니다. 부동산은 물론 국민 경제 전반의 구조를 깊이 이해하여 문제 원인을 정확하게 파악한 뒤에 해법을 찾아야 하기 때문입니다.

헌법에는 "국가는 주택개발정책 등을 통하여 모든 국민이 쾌적한 주거생활을 할 수 있도록 노력하여야 한다"라고 선언하고 있습니다. 이 선언이 오늘을 사는 청년들에게 피부에 와 닿지 않는 현실이라는 점이 안타깝습니다. 보다 과학적이고 적극적인 주거 대책이 필요합니다. 무엇보다도 주택이 재산증식을 위한 투기 수단이 아니라 인간다운 삶을 위한 기본조건이라는 헌법정신을 모두가 명심해야 할 것입니다.

육아휴직하면
월급을 더 주는 나라

조선 초기에 궁중 노비가 출산을 하면 10일 동안 휴가를 줬다고 합니다. 그러나 기간이 짧다고 생각한 세종은 출산 전 한 달의 출산휴가를, 출산 후 100일의 육아휴가를 명했습니다. 그로부터 4년 뒤에는 남편에게도 30일의 육아휴가를 보장해 줬습니다. 출산과 육아를 중요하게 생각한 세종의 배려심이 느껴집니다.

1970~80년대까지만 해도 가장인 아버지 혼자 벌어서 온 가족을 부양하고, 자녀들 교육하고 저축도 할 수 있었습니다. 자녀의 수가 지금보다 갑절 이상 많았어도 당시 소득으로는 가능했습니다. 그러나 오늘날에는 가장이 혼자 벌어서는 가족을 부양하기 어렵습니

다. 맞벌이를 해도 생활비와 교육비를 조달하는 것이 힘든 경우가 많습니다. 소득보다 높은 물가상승률, 소비지출의 증가, 높은 사교육비와 주거비용 등이 그 원인이라고 할 수 있겠습니다. 과거보다 높아진 삶의 질을 유지하기 위해 들어가는 비용도 만만치 않습니다. 자동차, 고급주택, 첨단의료 서비스, 해외여행 등 사람들은 다소 무리를 해서라도 이런 상품을 구매하려 합니다. 이처럼 한번 높아진 소비성향은 이후에 소득이 줄더라도 금방 낮아지지 않습니다. 이런 현상을 경제학에서는 '톱니 효과'라고 합니다. 높아진 소비성향을 유지하기 위해서는 그만큼 더 많이 벌어야 하는 것입니다.

과거에 가장이 혼자 벌어도 생활이 가능했던 시절에는 아이를 낳아도 육아를 크게 걱정할 필요가 없었습니다. 당시에는 대부분의 기혼여성이 전업주부여서 육아도 여성이 도맡아 했습니다. 그러나 맞벌이가 불가피해지면서 육아문제가 커다란 사회문제로 대두되기 시작했습니다. 어린이집이 등장한 것도 이 때문입니다.

고래는 1년 동안 새끼에게 모유 수유를 하며 옆에 데리고 다닙니다. 코끼리의 양육 기간은 3년입니다. 이처럼 거대 포유류는 장기간에 걸친 양육이 필요합니다. 하물며 인간은 어릴 때부터 부모의 집중적인 육아가 필요합니다. 무엇보다 두 발로 직립보행을 해야 하는 인간에게 보행에 익숙해지는 것이 쉬운 일은 아닙니다. 생후 1년

헌법, 우리에게 주어진 놀라운 선물

쯤 지나 간신히 걷기 시작하면 그때부터는 더욱 안심할 수가 없습니다. 주변에 온갖 위험요인이 도사리고 있기 때문입니다. 또한 인간은 생존을 위해서 반드시 언어를 배워야만 하는데, 어른과 간단한 대화를 하려면 약 3~4년의 시간이 필요합니다. 언어 습득에 가장 효과적인 것은 절대적인 신뢰와 애정이 뒷받침되는 부모와의 커뮤니케이션입니다. 아동심리학자들의 연구에 따르면, 아이가 태어나 36개월이 되기 전까지는 부모가 직접 양육을 하는 것이 좋다고 합니다. 태어난 지 얼마 되지도 않은 0세 영아를 어린이집에 맡기는 모습은 남이 봐도 서글픈 일입니다. 하물며 그 부모의 마음은 어떻겠습니까?

육아는 인간이 종을 지속시키고 사회 구성원을 충원하는 데에 빼놓을 수 없는 일입니다. 육아는 개인만의 문제가 아니라 사회의 문제로 접근해야 합니다. 혼인과 가족생활은 개인의 존엄과 양성의 평등을 기초로 성립되고 유지되며, 국가는 모성보호를 위하여 노력하여야 한다는 헌법의 태도 역시 육아문제가 국가와 사회의 책임이라는 취지를 내포하고 있습니다.

우리보다 복지 분야에 앞선 선진국들도 육아휴직을 보장하기 위해 힘쓰고 있습니다. 특히 독일은 육아휴직 기간 동안 평소보다 급여를 더 많이 받는 경우가 발생하는데, 이는 근로소득 수준에 따라서 육아휴직 급여를 달리하기 때문입니다. 월 300유로 이하의 저소득자인 경우에는 육아휴직 급여가 일률적으로 300유로입니다. 그렇기 때문에 소득이 200유로인 사람은 육아휴직 급여를 100유로 더 받게 됩니다. 이는 저소득층일수록 육아휴직 기간의 지출 부담이 더욱 크다는 점을 고려한 것입니다. 반면 월 소득이 2,769유로 이상인 고소득자인 경우에는 1,800유로만 정액제로 지급됩니다. 월 소득 1,000~2,000유로의 중간 소득층은 소득의 67퍼센트를 육아휴직 급여로 받게 됩니다.

프랑스도 소득 수준에 따라 육아휴직 급여에 차등을 두고 있습니다. 프랑스는 양육을 국가가 책임진다는 원칙하에 육아휴직 급여 이외에도 16세 미만까지는 아동수당을 지급하는 등 국내총생산의 3퍼센트를 저출산 극복에 투입하고 있습니다. 그 결과 합계출산율(여성이 평생 동안 낳는 아이 수)이 2명을 넘어섰습니다. 반면 합계출산율이 1.25명인 우리나라는 세계 224개국 가운데 220위로 최하위권이며 OECD 회원국 가운데는 꼴찌입니다. 이러한 한국의 저출산 극복예산은 국내총생산의 1퍼센트에 불과합니다.

한국의 육아휴직 기간은 1년 이내이며 이 기간 동안 통상임금의 40퍼센트(상한액 월 100만 원, 하한액 월 50만 원)를 지급해 왔는데, 2017년 9월부터 육아휴직 첫 3개월의 급여를 통상임금의 80퍼센트(상한액 월 150만 원, 하한액 월 70만 원)로 상향 지급합니다.

헌법, 우리에게 주어진 놀라운 선물

같은 아이에 대하여 부모가 순차적으로 모두 육아휴직을 사용하는 경우, 두 번째 사용한 사람의 육아휴직 3개월 급여를 통상임금의 100퍼센트(상한액 150만 원)를 지급하는 육아휴직급여 특례가 있는데 2017년 7월 1일 이후에 태어난 둘째 이후 아이에 대해서는 급여 상한액이 200만 원으로 인상됩니다. 이처럼 부모가 모두 육아휴직을 사용하는 경우의 특례는 아빠의 육아휴직을 권장한다는 의미에서 '아빠의 달'이라고도 부릅니다. 육아휴직 급여는 고용보험법과 동법 시행령에서 정하고 있습니다.

전문가들은 우리나라의 육아휴직 급여가 매우 낮은 수준으로 물가상승률조차 반영하지 못한다고 지적합니다. 한국여성정책연구위원의 한 보고서에서는 저소득층의 급여율을 높이고 고소득층은 급여율을 낮추는 독일식 방안을 검토할 필요가 있다면서, 고용보험기금에 일반회계 지원을 크게 늘려 예산을 확보하는 등 재원부터 마련해야 한다고 주문하고 있습니다. 2016년 한 해 동안 고용보험기금에서 지급한 육아휴직 급여는 6,721억 원에 불과합니다. 저출산 문제의 심각성을 고려할 때 육아휴직 급여의 지원예산을 대폭 늘려야 합니다.

비정규직은 있어도
비정규 인생은 없다

현재 인도의 대통령인 람 나트 코빈드는 하리잔, 즉 불가촉천민 출신입니다. 그는 변호사와 상원의원을 거쳐 비하르 주지사를 역임한 후에 인도국민당 소속으로 2017년 7월 10일 대통령에 당선되었습니다. 불가촉천민 출신으로 인도 대통령이 된 최초의 인물은 코체릴라만 나라야난이며 코빈드는 두 번째입니다. 브라만(성직자), 크샤트리아(귀족), 바이샤(상공인), 수드라(농민), 그리고 그 아래에 하리잔(불가촉천민)으로 분류되는 인도의 카스트제도는 엄격한 계급사회의 대명사처럼 알려져 있습니다. 1950년에 제정된 인도헌법은 불가촉천민을 의미하는 차별용어 사용을 금지하고 그 밖에도 카스트에 의한 모든 차별을 금지했습니다. 아울러 공공기관에 대해서는 불가촉 천민에 대한 일정 비율(15~18퍼센트)에 우선 고용기회를 주고, 이를 입학이나 장학금제도에도 적용하고 있습니다. 그러나 아직도 농촌 에는 카스트 의식이 뿌리 깊게 남아 있는 것이 사실입니다. 카스트 제도는 인도의 전통적인 신분제도인 '바르나', '자티'에 대한 유럽인 의 오해에서 비롯된 것이며, 인도 식민통치를 위해 제국주의세력이 그 의미를 왜곡하고 날조했다는 주장도 있습니다. 유럽인들은 바르 나와 자티의 의미를 하나로 묶어 '카스트caste'라고 불렀는데, 이는 혈 통을 뜻하는 포르투갈어 '카스타casta'에서 왔고 카스타의 어원은 '순 수한 것, 섞이지 않은 것'을 의미하는 라틴어 '카스투스castus'입니다. 카스트 날조설에 따르면, 카스트 개념이 등장하면서 바르나와 자티 의 유연하고 다양한 의미는 잊히고 경직된 계급제도가 고착되었다 고 합니다.

우리나라는 21세기에 접어들면서 신종 카스트제도가 널리 퍼졌 습니다. 그중에서도 대표적인 것이 615만 명(통계청 기준 2016년 3월 현재)에 달하는 비정규직을 차별하는 문제입니다. 외국에도 정규직 원 이외에 파트타임, 임시직, 알바 형태의 고용이 이루어지고 있지만, 우리나라에서는 특히 같은 일에 종사하면서도 임금차별이나 인격적 홀대 등으로 인해 심각한 사회문제가 되고 있습니다. 이처럼 우리나라에 비정규직 문제가 심각해진 원인은 우선 1997년 IMF외환위기 이후 대량 정리해고로 하루아침에 직장을 잃은 사람들을 비정규직으로 흡수하면서 불리한 고용조건이 고착되었기 때문입니다. 2016년 4월 고용노동부가 발표한 자료에 따르면, 정규직 평균 임금은 월 319만 원인 반면 비정규직은 절반에도 못 미치는 137만 원에 불과합니다. 건강보험과 국민연금, 고용보험 가입률은 53~67퍼센트에 그치고 있습니다.

외국의 경우에는 산별노조가 발달하여 비정규직 노동자도 산별노조의 보호를 받고 있지만, 우리나라는 한국노총과 민주노총 양대 노총이 주로 개별 사업장의 정규직을 중심으로 구성되다 보니 비정규직 문제해결에 상대적으로 미흡했던 측면이 있습니다. 진보적 성향인 민주노총의 경우 그동안 비정규직 차별 반대 목소리를 내왔지만 비정규직 문제를 해결하기에는 역부족이었습니다.

또한 우리나라는 일자리를 잃을 경우 실업급여 등 사회안전망이 선진국에 비해 턱없이 부족하기 때문에 비정규직 노동자들이 열악한 근로 조건을 무릅쓰고라도 일을 하지 않을 수 없습니다. 우리나라의 실업급여 수급 기간은 최대 7개월로 미국의 3분의 1(23개월)에도 못 미칩니다. 실업급여 수준도 매우 낮을뿐더러 자발적 실업의 경우에는 실업급여를 원칙적으로 못 받습니다.

헌법, 우리에게 주어진 놀라운 선물

2016년 구의역 스크린도어에서 혼자 수리하다가 사고로 숨진 외주업체 직원 김모 씨(19세)는 한 달에 144만 원을 받기 위해서 컵라면을 먹을 시간도 없이 중노동에 시달렸습니다. 반면 정규직 직원들은 400만 원을 받았습니다. 국제노동조합연맹ITUC이 발표한 '2017년 세계 노동권리 지수'에 따르면, 한국은 방글라데시, 캄보디아, 중국, 콜롬비아, 짐바브웨 등과 함께 최저 등급인 5등급을 기록했습니다. 5등급은 법에 권리가 명시됐어도 실질적으로 노동자가 그 권리에 접근할 수 없고, 독재정권과 불공정한 관행에 노출돼 있는 나라를 말합니다. 우리나라가 5등급에 오른 이유는 전체 임금노동자의 30퍼센트가 넘는 비정규직의 열악한 근로조건이 크게 작용했다고 볼 수 있습니다.

우리나라에서 비정규직은 크게 네 가지 유형(계약직, 일용직, 간접고용, 특수고용)으로 분류합니다. 계약직은 사용자가 고용계약 기간을 정하여 직접 고용한 비정규직을 말하며, 고용기간이 정해져 있지 않으면 무기계약직이 됩니다. 일용직은 월급이 아닌 일당을 받는 비정규직 노동자로 가장 불안정한 고용형태입니다. 건설 노동자들이 대표적인 일용직입니다. 간접고용은 원청업체가 하청업체(협력업체)를 통해 고용하는 비정규직으로 임금은 원청업체가 하청업체를 통해 지불합니다. 사용자가 복수여서 노동관계가 복잡해집니다. 또 하청업체가 다시 2차, 3차에 걸쳐 하청을 주는 경우도 있습니다. 간접고용 형태는 조선, 자동차, 건설, 판매업, 청소용역, 경비업 등에서 찾아볼 수 있습니다. 마지막으로 특수고용은 법적으로는 개별사업자 자격이지만 실제로는 계약을 체결한 회사로부터 업무지시를 받고 임금을 수령하는 비정규직입니다. 학습지 교사나 화물, 중장비 기사 등이 여기에 해당합니다. 특수고용 노동자는 노동3권의 적용을 받지 않기 때문에 법의 사각지대에 놓이는 문제가 있습니다.

헌법은 모든 국민이 법 앞에 평등하며 누구든지 성별, 종교 또는 사회적 신분에 의하여 정치, 경제, 사회, 문화의 모든 영역에서 차별을 받지 않는다고 합니다. 그렇다면 오늘날 우리 눈앞에서 이루어지는 비정규직에 대한 차별대우는 명백히 헌법에 반하는 것이라고 하지 않을 수 없습니다. 헌법은 근로조건의 기준이 인간의 존엄성을 보장하도록 법률로 정하도록 하고 있지만 인간 존엄성에 반하는 비정규직 차별이 바로 내 가족, 내 이웃, 나 자신에게 자행되고 있다면 어떻게 해야 할까요?

현 문재인 정부가 발표한 100대 국정과제 가운데에는 비정규직에 관한 내용이 들어 있습니다. 비정규직을 고용할 수 있는 경우를 제한해서 생명과 안전과 직결되는 업무는 정규직화하고, 고용형태에 따른 임금, 퇴직급여, 산재보호 등의 차별을 해소하겠다는 것입니다.

비정규직은 있어도 비정규 인생은 없습니다. 모든 인간은 고귀한 존재이며 사회적 신분을 차별의 근거로 삼아서는 안 됩니다. 비정규직 차별을 해소하고 노동자들이 어떤 형태의 고용을 선택하든 인간의 존엄성이 지켜지도록 법과 제도 정비에 박차를 가해야 하겠습니다. 아울러 실직을 해도 최소한의 인간다운 삶을 유지하면서 다른 직업을 구할 수 있도록 사회안전망 확충에 보다 많은 노력을 기울여야 합니다.

4대 성인은 모두
사교육 종사자?

석가모니, 공자, 소크라테스, 예수의 공통점은 사교육에 종사했다는 점입니다. 석가모니는 사리불, 수보리, 마하가섭 등 10대 제자를 비롯해 수많은 제자들이 있었고, 공자는 안회, 자로, 자공 등 '공문십철'이라고 일컬어지는 핵심 제자를 포함하여 6경에 통달한 70여 명의 제자가 있었습니다. 소크라테스는 제자인 플라톤을 비롯한 아테네의 많은 청년들을 가르쳤으며, 예수는 베드로, 바오로, 요한 등 12제자가 있었습니다. 세계 4대 성인이 모두 사교육 종사자였다는 것은 교육의 본질이 개인 간의 관계 속에서 이루어지는 사적인 영역의 일이라는 것을 새삼 일깨워 줍니다.

국가가 교육에 본격적으로 개입하기 시작한 것은 산업혁명 이후의 일이라고 할 수 있습니다. 영국의 경우 18세기까지는 교육을 사적인 일로 생각하여 국가가 개입하지 않다가 산업혁명으로 사회구조가 바뀌면서 19세기 초부터 공교육의 필요성이 제기되어 1833년부터 국민교육에 국고보조금을 지급하기 시작했습니다. 1870년에는 공립학교를 설치하였고, 1876년에 의무교육을 도입하였으며, 1902년부터는 지방자치단체가 공사립학교에 대해 감독권을 갖게 되었습니다.

　　한국에서 근대 공립학교의 효시는 육영공원입니다. 서울의 육영공원은 1886년 미국인 교사 3명을 초청하여 개교하였는데 학생 정원은 30명이었고 학비와 기숙사비, 교재비를 모두 정부가 부담했습니다. 심지어 매달 학생들의 담뱃값도 지급해 줬습니다. 과목은 영어 및 제2외국어, 세계사, 지리, 수학, 의학, 농학 등의 신학문이었는데 모든 수업은 영어로 진행했다고 합니다. 당시 고종은 육영공원에 대한 관심이 지대하여 직접 영어시험의 시험관을 맡기도 했습니다.

　　근대국가는 야심차게 공교육에 박차를 가했습니다. 그러나 오늘날 모든 나라의 교육은 사립학교를 통해서 이루어지게 되었고, 이제는 공립학교와 사립학교를 모두 공교육의 범주에 넣어 보게 되었습니다. 그러나 입시경쟁의 틀에 갇힌 한국의 공교육은 '공교육 붕괴'라는 말이 나올 정도로 심각한 위기에 처해 있습니다. 학교는 학생

들을 교육하는 곳이 아니라 관리하는 곳이 되어 버렸고, 정작 공부
는 학원이나 개인교습을 통해서 해결하고 있습니다. 학원은 단지 공
부만이 아니라 교우관계를 위해서도 반드시 다녀야 하는 것처럼 되
었습니다. 사교육비 부담도 이만저만이 아닙니다. 서울 강남에 살면
서 대기업에 다니는 40대 직장인 K씨는 중고등학교에 다니는 두 자
녀의 사교육비로 월 4백만 원을 지출하고 있습니다. K씨는 월급의
대부분을 사교육에 지출하다 보니 아버지와 장인으로부터 지원을
받아야 하는 형편이 되었고 노후대비는 엄두도 못 내고 있습니다.
2017년 초 교육부와 통계청이 공동으로 실시한 2016년 초중고 사
교육비 조사 결과에 따르면, 사교육비 총규모는 약 18조 1천억 원으
로 2015년 17조 8천억 원 대비 2,300억 원 증가했습니다.

　우리나라에 사교육이 본격화된 것은 1960년대부터입니다. 처음
에는 중학교 입시가 사교육의 주된 아이템이었습니다. 그래서 정부
는 사교육 열기를 잠재우기 위해서 1968년 중학교 입시제도를 폐
지하고 추첨제로 전환했습니다. 그러자 이번에는 고등학교 입시경
쟁이 문제가 되었습니다. 결국 정부는 1974년에 주요 도시에서 고
교평준화를 도입하기 시작합니다. 고교평준화를 도입하니까 이번에
는 대학입시를 위한 사교육이 과열되었습니다. 결국 정부는 1980년
7월 30일 과외 전면 금지를 단행했습니다.(7.30교육개혁조치) 이로써

헌법, 우리에게 주어진 놀라운 선물

재학생들은 학원, 개인교수 등을 통한 과외교습을 받을 수 없게 되었습니다. 그러나 획일적인 과외금지조치가 개인의 교육권을 침해한다는 비판이 제기되면서 이후 조금씩 완화되다가 2000년 헌법재판소의 위헌결정으로 과외금지조치는 종지부를 찍었습니다.

헌법재판소가 과외금지조치를 위헌으로 결정한 것은 교육이 개인의 자유로운 생활영역에 속한다는 교육권의 본질을 중시했기 때문입니다. 헌법재판소는 자녀의 양육과 교육은 일차적으로 부모의 천부적인 권리인 동시에 부모에게 부과된 의무라고 전제한 것입니다. 비록 헌법에 명시되어 있지는 않지만 '부모의 자녀에 대한 교육권'이 모든 인간이 누리는 불가침의 인권으로서 혼인과 가족생활을 보장하는 헌법 제36조 제1항, 행복추구권을 보장하는 헌법 제10조 및 "국민의 자유와 권리는 헌법에 열거되지 아니한 이유로 경시되지 아니한다"고 규정하는 헌법 제37조 제1항에서 나오는 중요한 기본권이라고 봤습니다. 따라서 부모는 자녀교육에 관해 전반적인 계획을 세우고 자신의 인생관, 사회관, 교육관에 따라 자녀교육을 자유롭게 형성할 권리를 가지며, 부모의 자녀교육권은 다른 교육 주체와의 관계에서 원칙적인 우위를 가진다는 것이 헌법재판소의 견해였습니다. 따라서 미성년자인 자녀에게 어떤 교육을 시킬 것인지 여부에 대한 부모의 결정권을 국가가 함부로 침해해서는 안 된다는 것입니다.

다만 헌법재판소는 교육이 전적으로 부모에게만 맡겨지는 것은 아니고 국가도 교육에 대해 책임이 있다는 것을 함께 밝히고 있습니다. 헌법 제31조 제1항은 "모든 국민은 능력에 따라 균등하게 교육을 받을 권리를 가진다"고 규정하는데, 이때 '교육을 받을 권리'에 대하여 헌법재판소는 "모든 국민에게 능력에 따른 교육이 가능하도록 필요한 설비와 제도를 마련해야 할 국가의 과제와 아울러 이를 넘어 사회적, 경제적 약자도 능력에 따른 실질적 평등교육을 받을 수 있도록 적극적인 정책을 실현해야 할 국가의 의무를 뜻한다"고 설명했습니다. 즉 우리 헌법은 국민에게 교육을 받을 권리를, 국가에게는 그러한 국민의 권리를 충족시켜야 할 의무를 동시에 규정하고 있다는 것입니다.

과외금지가 위헌으로 판결되면서 사교육 시장은 우후죽순처럼 커졌습니다. 사교육 경쟁은 흔히 '마이너스 섬 게임'이라고 합니다. 서로 경쟁이 치열해질수록 사회는 물론 개인도 손해를 보는 장사라는 것입니다. 남들이 하니까 마지못해서 따라 하는 경우도 많습니다. 그렇다고 해서 이제는 과거처럼 하루아침에 사교육을 금지할 수도 없습니다. 공식 통계에 의해서 파악된 것만 해도 사교육 시장 규모가 연간 20조 원에 육박하고 있으니 이를 금지하면 국민경제에 막대한 타격을 입힐 것이 분명하기 때문입니다. 쉽게 말해서 사교육

헌법, 우리에게 주어진 놀라운 선물

을 생계수단으로 삼는 사람들이 이미 너무 많아졌다는 뜻이지요. 결국 이 문제는 국가의 입시정책, 교육정책, 고용정책 등을 통해서 서서히 개선해 나가야 합니다. 독일은 고등학교만 졸업해도 대학졸업자와 소득이 비슷하다고 합니다. 그렇기 때문에 굳이 고생해 가면서 대학을 갈 이유가 없고, 대학은 정말로 학문에 뜻이 있는 사람들이 가면 된다는 사회 분위기가 조성되어 있습니다. 우리도 장기적으로는 그런 방향으로 가야 하지 않을까요? 고등학교만 나와서도 얼마든지 남부럽지 않게 생활하고, 1년에 한두 달씩 해외 리조트에서 휴가를 보낼 수 있다면 굳이 대학에 가지 않아도 될 것입니다. 또 그렇게 생활하다가 학문에 관심이 생겨서 좀 더 공부를 하고 싶다면 그때 가서 대학에 진학해도 늦지 않겠지요.

아무리 사교육이 필수라지만 사교육 한 번 안 받고 국내는 물론 미국의 명문대로 진학하는 고등학생들도 여전히 있습니다. 인터넷 강의, 유튜브, 칸아카데미, 외국 유명대학의 온라인 강의 등 사교육 없이도 얼마든지 글로벌 수준의 괜찮은 교육을 받을 수 있는 길이 이미 우리 곁에 와 있습니다.

3장.

헌법과
함께하는
미래

삶과 죽음의
헌법학

중국을 통일하고 최초의 황제가 된 진시황은 방사 서복을 시켜 불로불사의 영약을 찾아오게 합니다. 《사기》의 '진시황본기'에 따르면, 서복은 바다 건너 봉래, 방장, 영주의 삼신산에 사는 신선을 모셔오겠다고 하고 동남동녀 수천 명을 뽑아 바다로 나간 것으로 기록되어 있습니다. 그는 BC 210년에 하북성 동부에 있는 항구도시 진황도를 출발하여 다시 돌아오지 않았습니다. 기록과 전승에 따르면, 서복은 대만, 한국, 일본 등지를 방문한 것으로 알려져 있습니다. 고려의 문신 이인로는 삼신산이 금강산(봉래), 지리산(방장), 한라산(영주)이라고 《파한집》에 기록했습니다.

헌법, 우리에게 주어진 놀라운 선물

늙지 않고 오래 사는 것은 진시황만이 아닌 모든 인간의 꿈입니다. 21세기에 접어들면서 어쩌면 그 꿈이 이루어질지도 모른다는 기대가 높아지고 있습니다. 의학, 유전공학, 생명과학, 정보처리기술의 눈부신 발전으로 생명연장의 구체적인 방법들이 제시되고 있기 때문입니다.

포유류의 평균 수명은 성장기의 6배라고 합니다. 이 공식에 따르면, 보통 20세까지 성장하는 인간의 자연수명은 120년이라고 할 수 있습니다. 미국 인구통계청은 2050년이면 100세 이상 인구가 세계적으로 600만 명에 이를 것으로 추산합니다. 2012년《국제노화》지에 발표된 각국의 100세 인구는 프랑스가 10만 명당 36명으로 가장 많고, 다음은 일본이 20명, 미국이 18명, 이탈리아와 영국이 각 17명, 호주가 16명, 캐나다가 15명 순입니다. 한국은 2명으로 OECD 회원국 가운데 100세 인구가 가장 적은 것으로 나타났습니다.

최근에는 150세까지 생명을 연장할 수 있다는 조심스러운 전망도 나오고 있습니다.《타임》지가 2015년 2월 23일자 커버스토리로 소개한 '라파마이신'이라는 약은 원래 장기이식 환자의 거부반응 차단을 위한 면역억제제인데, 이를 투여한 쥐의 수명이 60퍼센트까지 늘어났다고 합니다. 라파마이신은 모아이 석상으로도 유명한 라파누이 섬(이스터 섬)에서 발견된 박테리아 추출 물질로 체내의 특정

단백질 기능을 방해하여 노화 진행을 억제하는 작용을 합니다. 사람에게도 같은 효력이 있다면 인간의 수명이 140세까지 늘어날 수도 있다는 것입니다. 과학자들은 현재 라파마이신을 개에게 투약하는 실험을 하고 있는데, 만약 인체에 대한 안전성까지 입증된다면 진시황이 찾던 불로초를 마침내 발견한 셈이 됩니다.

이처럼 인간의 수명이 늘어나면 고령화사회를 넘어서 초고령사회로 진입하게 됩니다. 유엔이 정한 기준에 따르면, 65세 이상의 인구가 총인구에서 차지하는 비율이 7퍼센트 이상이면 고령화사회, 14퍼센트 이상이면 고령사회, 20퍼센트 이상이면 초고령사회라고 합니다. 행정안전부는 2017년 8월 말 현재 한국의 65세 이상 인구가 725만 7,288명으로 전체 인구(5,175만 3,820명)에서 차지하는 비율이 14.02퍼센트를 기록, 처음으로 14퍼센트를 넘어 고령사회에 진입했다고 발표했습니다. 전문가들은 2026년에 한국이 초고령사회에 도달할 것으로 예상하고 있습니다.

급속한 고령화는 한국뿐 아니라 전 세계가 직면하고 있습니다. 문제는 한국은 물론 세계 어느 나라도 초고령사회에 대한 대비책이 마땅치 않다는 것입니다. 고령화 현상은 인류가 지구상에 등장한 이래 처음 겪는 일이어서 모든 것을 원점에서 검토하고 준비해야 하기 때문일 것입니다. 초고령사회는 사회 전반에 걸친 대대적인 변화를 예고하고 있습니다. 복지, 의료 등 노인에게 직결되는 사회적 서비스는 물론이거니와 생산활동 인구의 감소에 따라 국민경제 전체의 구조 변화가 불가피합니다. 늘어난 수명에 맞춰 노인 일자리라든가 삶의 질 문제도 전혀 새로운 각도에서 접근해야 할 필요가 있습니다.

당장 시급한 것은 국민연금 문제입니다. 저출산으로 가입자는 줄어드는데, 기대수명이 연장하여 연금을 타는 기간은 늘어나고, 고령화 때문에 경제성장률이 떨어져 기금운용 수익률이 저조해지는 것이 국민연금 재정 위기의 3대 악재로 꼽히고 있습니다. 국민연금연구원이 밝힌 '중기 재정 전망(2017~2021년)'에 따르면, 국민연금 수령자는 2017년에 464만 명에서 2018년에 478만 명, 2019년에 561만 명으로 급증할 전망입니다. 여기에는 베이비부머 세대(1955~1963년생)의 은퇴가 크게 작용한 것으로 분석됩니다.

한국사회는 그동안 이 같은 인구구조의 변화에 대한 준비를 전혀 하지 못한 상태입니다. 현행 헌법은 "국가는 노인과 청소년의 복지향상을 위한 정책을 실시할 의무를 진다"(제34조 제4항), "신체장애자 및 질병·노령 기타의 사유로 생활능력이 없는 국민은 법률이 정하는 바에 의하여 국가의 보호를 받는다"(제34조 제5항)라고 규정하고 있습니다. 현행 헌법을 작성한 1987년 개헌 당시에 한국인의 평균수명은 70세였습니다. 그러나 2017년에는 82.2세로 늘어났습니다. 그동안 노인의 복지향상을 위한 국가의 정책적 의무는 사실상 실패한 것이나 다름없습니다. OECD 회원국 최고의 노인 자살률, 최고의 노인 빈곤율이 그 증거입니다. 국가가 헌법에 규정된 의무를 지키지 않은 것입니다. 지금부터라도 초고령사회에 대비한 국가의 노력이 필요합니다.

초고령사회가 되면 삶과 죽음을 바라보는 시각도 자연스럽게 변화하게 됩니다. 헌법재판소는 도심지에 납골당 설치를 불허한 구청장의 처분에 대하여 합헌이라고 판단하면서 이렇게 설명했습니다.

구미 선진국과 일본에서는 도시 안에 납골시설을 설치하고 공원화하여 시민들의 휴식공간으로 활용하고 있다. 그러나 우리 사회는 전통적으로 시신이나 무덤을 경원하고 기피하여 왔고, 무덤을 살아 있는 사람들의 주거지로부터 멀리 떨어진 산에 설치하여 무덤은 곧 산소山所를 의미하게 되었다. 최근 매장문화가 화장문화로 바뀌어 가고 화장 후의 유골을 봉안하는 납골시설도 많아졌지만, 주검이나 무덤, 납골시설을 두려워하고 기피하는 풍토나 정서까지 완전히 바뀌었다고 보기는 어렵다. 주검이나 무덤, 납골시설을 기피하는 풍토나 정서가 우리 사회 전반에 뿌리 깊게 퍼져 있어서 단기간의 교육이나 노력에 의하여 해소되기 어려울지도 모른다.

헌법, 우리에게 주어진 놀라운 선물

하지만 우리도 초고령사회가 되면 자연스럽게 삶과 죽음의 의미를 새로운 각도에서 바라보게 되지 않을까요? 한국은 OECD 회원국 가운데 자살률 1위로 매해 30명 가까운 사람들이 스스로 삶을 마감하며, 자살 증가율도 연간 150퍼센트로 압도적입니다. 대부분의 국가에서는 자살 증가율이 마이너스 추세입니다. 세계적인 석학들이 자살 문제를 다룰 때 빠짐없이 예로 드는 나라가 바로 한국입니다. 한국인이 이렇듯 자살을 많이 하는 이유는 여러 가지 개인 문제와 사회적 요인이 있을 것입니다. 그러나 어쩌면 죽음을 지나치게 터부시하고 두려워하는 한국의 풍토가 역설적으로 사람들로 하여금 자살을 일종의 '마지막 수단'으로 선택하도록 강요하는 것이 아닐까 하는 의문이 듭니다. 우리 사회에서 어떤 사람이 큰 과오를 범했을 때 그 사람에 대한 가장 심한 욕이 "죽을 용기도 없다"는 표현입니다. 죽음이 그만큼 두렵기 때문에 그것을 '이겨내고' 죽을 수 있다면 모든 것이 용서된다는 잘못된 뉘앙스가 담겨 있습니다. 그러나 자살은 어떠한 경우에도 선택지가 될 수 없습니다. 자살로 모든 과오를 덮을 수도 없습니다.

삶과 죽음은 숙명입니다. 그 숙명적 사건의 한가운데에서 어떻게 하면 잘 살고 잘 죽을 것인가를 생각해야 합니다. 죽음을 마냥 두려움의 대상으로만 여기는 것은 삶 자체를 두려워하기 때문은 아닐까요?

가짜 뉴스가
만들어 가는
이상한 세상

영화감독 구로사와 아키라가 1950년에 제작한 〈라쇼몬〉이라는 영화가 있습니다. 아쿠다카와 류노스케의 동명소설 《라쇼몬》과 《덤불속》을 하나로 합친 이 영화는 무사와 그의 아내가 함께 숲길에서 산적을 만나 아내가 성폭행을 당하고 무사는 죽어 버린 사건의 진상규명을 위해 법정에서 벌어지는 당사자들의 진술을 내용으로 합니다. 무사의 아내는 자신이 성폭행을 당한 후 수치심에 자살을 시도하다가 갑자기 정신을 잃고 깨어 보니 남편이 죽어 있었다고 주장합니다. 반면에 산적은 무사의 아내가 남편과 결투를 해달라고 요청을 해서 결투 중에 무사를 죽였다고 주장합니다. 당시 일본에서는 결투

헌법, 우리에게 주어진 놀라운 선물

에서 사람을 죽이는 것이 합법이었습니다. 한편 법정에 출석한 무당에게 빙의된 무사의 혼령은 아내가 산적에게 무사를 죽여 달라고 하자 오히려 산적이 그녀를 괘씸하게 생각하여 무사에게 아내를 죽이거나 떠나보내거나 원하는 대로 해주겠다고 제안했다고 합니다. 그러자 무사의 아내는 도망을 가고, 무사는 자살을 했다는 것입니다. 이처럼 당사자들의 진술이 엇갈리는 가운데 사건 현장을 처음부터 지켜본 나무꾼은 전혀 다른 이야기를 합니다. 산적이 무사의 아내에게 결혼을 해달라고 하자, 무사의 아내는 두 남자에게 결투를 하라고 제안합니다. 무사는 그런 아내가 필요 없다고 했지만, 결국 산적과 결투를 벌이게 되었고 그 사이에 여자가 도망을 갔다는 것입니다. 결국 이 사건의 진상은 시원히 밝혀지지 않습니다. 이 사실을 전해 들은 스님은 "오늘처럼 무서운 얘기는 처음이오. 이 일로 인해 난 인간에 대한 믿음을 잃게 되었소. 그건 도적 떼들보다도, 전염병보다도, 기근과 불보다도 더 나쁜 일이오. 사람이 사람을 믿지 못하니 이승이 곧 지옥이오!" 하고 탄식합니다.

이 영화는 비슷한 스토리가 플래시백 방식으로 지루하게 반복되어서 영화사 사장마저 시큰둥해하고 일본 평단에서도 좋은 점수를 받지 못했습니다. 실망한 구로사와 아키라는 영화 일을 포기하려고 했는데, 예상치도 못하게 베니스영화제에서 황금사자상을 수상합니다. 영화사에서 출품한 것도 아니고 베니스영화제 관계자가 눈여겨보고 작품을 선정한 것입니다. 영화제 수상으로 일본 국내의 평가는 정반대로 바뀌었고, 영화사 사장은 〈라쇼몬〉 제작을 자신이 적극적으로 밀어붙였다고 자랑했습니다. 마치 〈라쇼몬〉과 같은 상황이 현실에서도 벌어진 것입니다.

이처럼 하나의 사건을 다양한 시각에서 조명하는 영화기법은 이후 '라쇼몬 효과'라고 명명되었고, 사회 현실에 대해서 이야기할 때는 '라쇼몬 현상'이라고도 합니다.

오늘날은 '가짜 뉴스'로 인한 라쇼몬 현상이 기승을 부리고 있습니다. 최근 미국의 트럼프 대통령이 대선후보 시절부터 자기에게 불리한 언론보도에 대해서 '가짜 뉴스fake news'라고 비난을 퍼부으면서 가짜 뉴스라는 말이 널리 퍼졌습니다. 한국에서도 19대 대통령선거에서 온라인을 중심으로 각종 루머와 가짜 뉴스가 어느 때보다 만연했습니다. 가짜 뉴스는 대개 혐오 표현과 함께 유포되는 것이 보통이며, 과거와 달리 SNS를 통해서 순식간에 확산되므로 사회적 여파가 큽니다. 가짜 뉴스가 횡행하자 사실관계를 확인한다는 뜻의 '팩트 체크fact check'라는 신조어까지 나왔습니다. TV뉴스에서도 팩트 체크 코너를 만들어서 그날 제기된 이슈들에 대하여 진실 여부를 가리기도 합니다. 그렇다면 가짜 뉴스는 법적으로 어떻게 평가해야 할

헌법, 우리에게 주어진 놀라운 선물

까요?

　헌법재판소는 이른바 '김일성 애도편지' 사건에서 이미 가짜 뉴스에 대한 기준을 밝힌 바 있습니다. 이 사건은 일부 강원도 의원들이 1995년 베이징에서 북한대사관 직원을 만나 남북 강원도 교류 문제를 논의하면서 김정일에게 보내는 편지 때문에 불거졌습니다. 편지 내용은 강원도 도의회와 북강원 인민위원회 간의 자매결연, 의원 세미나 개최, 특산물 교환, 문화체육행사와 학생 수학여행단 교류, 남북 청소년 야영대회 등 남북 강원도 교류사업이 성사될 수 있도록 협조하여 달라는 내용이었습니다. 그런데 이 편지의 인사말에 "조선민주주의인민공화국 김정일 인민군 총사령관 귀하. 안녕하셨습니까. 김일성 주석께서 서거 이후 애통한 마음으로 나날을 보내셨을 총사령관께 삼가 위로와 격려 말씀 드립니다"라는 표현이 있었습니다. 취재를 통해 이 사실을 알게 된 신문기자가 '김일성 애도편지'라는 제목으로 기사를 썼습니다. 그러자 도의원들은 자신들이 김일성을 애도한 적이 없고 남북 강원도의 교류확대를 제안한 것인데, 이를 '애도편지'라는 이름으로 보도하여 자신들의 명예가 훼손되었다며 신문사 발행인, 편집국장, 기자 등을 출판물에 의한 명예훼손으로 고소했습니다. 검찰은 이들에 대해서 무혐의 불기소처분을 내렸습니다. 이에 도의원들은 검찰의 불기소처분이 평등권과 재판절차진술권을 침해했다면서 헌법소원심판을 청구하였습니다. 헌법재판소는 검찰의 불기소처분이 정당하다고 판단하고 헌법소원심판청구를 기각하는데, 이때 다음과 같은 이유를 들고 있습니다.

객관적으로 국민이 알아야 할 공공성과 사회성을 갖춘 사실은 민주제의 토대인 여론형성이나 공개토론에 기여하므로 형사제재로 인하여 이러한 사안의 게재를 주저하게 만들어서는 안 된다. 신속한 보도를 생명으로 하는 신문의 속성상 허위를 진실한 것으로 믿고서 한 명예훼손적 표현에 정당성을 인정할 수 있거나, 중요한 내용이 아닌 사소한 부분에 대한 허위보도는 모두 형사제재의 위협으로부터 자유로워야 한다. 시간과 싸우는 신문보도에 오류를 수반하는 표현은, 사상과 의견에 대한 아무런 제한 없는 자유로운 표현을 보장하는 데 따른 불가피한 결과이고 이러한 표현도 자유토론과 진실확인에 필요한 것이므로 함께 보호되어야 하기 때문이다. 그러나 허위라는 것을 알거나 진실이라고 믿을 수 있는 정당한 이유가 없는데도 진위를 알아보지 않고 게재한 허위보도에 대하여는 면책을 주장할 수 없다.

공적인 사안에 대한 언론보도는 설령 일부 사실과 다른 점이 있더라도 이를 진실한 것으로 믿고 보도한 경우에 표현의 자유에 의해서 보호되어야 하며, 허위임을 알거나 알 수 있었을 경우에 한하여

헌법, 우리에게 주어진 놀라운 선물

형사제재를 해야 한다는 것이 헌법재판소의 입장입니다. 한편 헌법재판소는 문제가 된 편지에 '위로', '격려' 등의 표현이 있기 때문에 이를 '애도편지'로 표현한 것이 허위라고 볼 수도 없다고 판단했습니다.

문제는 이 사건에 대한 헌법재판소 결정 당시에는 없던 SNS가 등장하면서 가짜 뉴스의 최초 유포자 이외에 이를 온라인상에 마구 퍼서 나른 행위를 어떻게 할 것이냐 하는 점입니다. 우리나라의 경우 가짜 뉴스 최초 유포자는 형법, 정보통신망법, 공직선거법 등에 의해서 처벌할 수 있지만 단순히 퍼서 나른 행위는 규제하기 어렵습니다. 이는 다른 나라들도 마찬가지입니다. 최근에는 SNS 이용자가 아니라 SNS 사업자를 규제하는 방법이 제기되고 있습니다.

이미 독일에서는 가짜 뉴스를 규제하기 위한 'SNS상의 법집행 개선에 관한 법률안(약칭 네트워크 법집행법)'이 2017년 4월에 내각을 통과하여 연방의회에 회부되었습니다. 이 법안은 SNS 사업자가 범죄 행위를 막기 위해 노력한 내용과 위법 콘텐츠의 차단 기술을 정기적으로 당국에 보고하도록 의무화하고 있습니다. 또한 위법 콘텐츠에 대해 사용자가 불만을 제기한 경우 24시간, 48시간, 1주일 이내에 삭제 등 차단 조치를 하도록 하였습니다. 이를 위반하면 500만 유로, 한화 약 67억 원의 과태료를 물게 됩니다.

독일이 가짜 뉴스, 혐오 표현 등 위법 콘텐츠를 강력히 규제하는 이유는 나치의 만행을 되풀이하지 않기 위해서입니다. 우리나라에는 아직 SNS 사업자를 규제하는 법이 없습니다. 가짜 뉴스 또는 혐오 뉴스가 SNS상에 무차별적으로 유포되는 것을 막기 위해서 독일의 입법례를 참고할 수 있을 것입니다. 다만 이 경우 SNS 사업자가 책임을 면하기 위하여 SNS 이용자의 게시물을 과도하게 규제할 우려가 있으므로 표현의 자유를 보호하기 위한 충분한 장치가 함께 마련되어야 할 것입니다.

혐오 표현을
혐오하라

2017년 8월 12일 미국 버지니아 주 샬러츠빌에서 발생한 백인우월주의자들과 반인종주의자들 사이의 유혈 충돌은 미국은 물론 전 세계를 충격에 빠뜨렸습니다. 백인우월주의자 남성이 승용차로 시위대를 덮치면서 숨진 인권운동가 헤더 하이어에 대한 전국적 추모 여론이 고조되었습니다. 샬러츠빌 사태는 이곳 시의회가 남북전쟁 당시 남부연합 사령관을 지낸 로버트 리 장군의 동상 철거를 결정하자 KKK 등의 백인우월단체들이 반발하면서 일어났습니다. 백인우월주의자들의 삐뚤어진 자존심이 단순한 시위를 넘어 이민자와 유색인종에 대한 혐오로 발전하여 범죄로 이어진 사건이었습니다.

히틀러 나치독일에 의한 대학살(홀로코스트)은 유대인 등 소수민족에 대한 극도의 혐오감을 대중들에게 주입하면서 진행되었습니다. 1937년 일본군의 남경대학살도 중국인에 대한 일본인의 뿌리 깊은 혐오감에서 비롯되었습니다. 서양에서는 남경대학살을 '아시아의 홀로코스트'라고 부릅니다. 남경대학살이 광적인 중국인 혐오에서 비롯되었다는 사실은 두 일본군 소위가 누가 먼저 100명의 목을 가져오는지를 놓고 시합을 벌였다는 당시 언론보도를 통해서도 알 수 있습니다. 신문은 두 장교가 나란히 찍은 사진과 함께 그들이 '연장전'까지 가면서 해친 사람들의 숫자를 마치 스포츠경기 스코어처럼 보도하고 있습니다.

지금까지 예로 든 사례는 특정 인종이나 민족에 대한 혐오감이 인명을 해친 경우이기 때문에 당연히 범죄행위에 해당합니다. 문제는 이러한 혐오감이 범죄행위로 표출되기 전 단계의 '혐오 표현hate speech'입니다. 혐오 표현은 그 자체로는 실정법상 범죄에 이르지 않았어도 표적 집단에 대한 혐오, 차별, 조롱, 멸시 등의 의사를 공공연하게 유포함으로써 자칫 위 사례에서 본 것과 같은 엄청난 참극을 불러올 수 있습니다.

우리나라에서도 최근 들어 혐오 표현이 사회문제가 되고 있습니다. 특히 인터넷과 SNS가 보편화되면서 온라인을 통해 특정 지역이나 사람, 정치세력에 대한 조롱, 비방, 멸시는 물론 공공연하게 허위 사실을 유포하는 행위가 갈수록 늘어나고 있습니다.

우리 헌법은 언론·출판이 타인의 명예나 권리 또는 공중도덕이나 사회윤리를 침해하여서는 안 되며, 언론·출판이 타인의 명예나 권리를 침해한 때에 피해자는 이에 대한 피해배상을 청구할 수 있다고 규정하고 있습니다. 따라서 혐오 표현도 경우에 따라서는 모욕죄나 명예훼손죄 등으로 형사처벌의 대상이 되거나 또는 민사상의 손해배상책임을 질 수 있습니다. 단 혐오 감정을 표현한다고 해서 항상 법적 규제의 대상이 된다면 헌법이 보장하는 표현의 자유를 지나치게 위축시킬 수 있다는 딜레마가 있습니다. 혐오 감정은 인간의 자연적 심성의 일부로서 누구든지 어떤 사람이나 사건에 대하여 혐오감을 가질 수 있고 그러한 감정을 밖으로 표출할 수도 있기 때문입니다.

그런데 최근 헌법재판소의 결정 중에 비록 소수의 의견이지만 처음으로 혐오 표현에 대한 기준이 제시된 사건이 있습니다. A씨가 포털사이트와 특정 정당의 게시판에 특정인을 '듣보잡'이라고 표현했다가 형법상 모욕죄 위반으로 처벌받은 사건입니다. 모욕죄는 "공연히 사람을 모욕한 자는 1년 이하의 징역이나 금고 또는 200만 원 이하의 벌금에 처한다"고 형법에 규정되어 있습니다. A씨는 모욕죄의 구성요건이 지나치게 모호하여 헌법에 위반된다며 헌법재판소에 헌법소원을 제기했습니다. 헌법재판소는 모욕죄가 위헌이 아니라면서 A씨의 헌법소원 심판청구를 기각했습니다. 그런데 모욕죄가 위헌이라고 생각한 헌법재판관이 3명 있었습니다. 이들 3명의 재판관은 모욕죄가 위헌이라는 것을 논증하는 과정에서 혐오 표현의 개념에 대하여 다음과 같이 설명했습니다.

표현의 자유는 구체적인 사회적 해악을 발생시키거나 개인의 명예감정을 심각하게 침해할 가능성이 있는 행위에 대해서만 제한하여야 한다. 추상적 판단과 감정의 표현에 의하여 발생할 해악이 크고 명백한 경우에 한정하고 그러한 표현만을 처벌하여야 할 것이다. 예를 들면, 성별·종교·장애·출신국가 등에 대한 혐오 표현이나 집단에 대한 증오와 폭력을 선동하는 표현 등을 처벌할 수 있을 것이다. 오로지 모멸감을 줄 목적으로 상대방을 인신공격하고 비하하는 직설적·노골적 표현 중에서 상대방의 즉각적인 폭력을 유발할 위험이 있는 행위도 처벌할 수 있을 것이다. 그러나 형법상 모욕죄 조항은 구체적인 사회적 해악을 발생시키거나 개인의 명예감정을 심각하게 침해하는 표현을 넘어서 헌법상 보호받아야 할 표현인 단순히 부정적 비판적 내용이 담긴 판단과 감정표현까지 규제할 수 있게 되므로 그 규제 범위가 지나치게 넓다.

헌법, 우리에게 주어진 놀라운 선물

소수 의견을 낸 이들 3인의 재판관들은 혐오 표현이 항상 처벌받는 것이 아니라 사회적으로 해악이 발생하거나 개인의 명예감정을 심각하게 침해하는 경우에만 처벌해야 한다면서 구체적인 사례를 들고 있습니다. 아울러 3인 재판관은 형법상 모욕죄의 구성요건에 따르면, 현실 세태를 빗대어 우스꽝스럽게 비판하는 풍자와 해학을 담은 문학적 표현이나 부정적인 내용이지만 정중한 표현으로 비꼬아서 하는 말, 인터넷상에서 널리 쓰이는 다소 거친 신조어 등도 모욕죄로 처벌될 우려가 있다고 보았습니다. A씨가 '듣보잡'이라는 표현을 쓴 것에 대해서도 "'듣보잡'은 '듣지도 보지도 못한 잡놈'을 줄인 말로 '잘 알려지지 않은 사람 또는 물건'을 가리키는 인터넷 신조어이다. 이러한 인터넷 신조어는 누리꾼 사이에 유행하는 재미있는 문화현상 중 하나로, 다소 거칠고 거북한 표현이 있다고 하여 이를 무조건 모욕적인 표현이라고 볼 것은 아니다"라는 소수 의견을 제시하였습니다.

미국연방대법원은 '평화 파괴를 초래하는 경향이 있는 무례한 말과 욕설'을 처벌하는 규정과 '위협적, 모욕적, 명예훼손적, 모독적인 언어를 사용하여 다른 사람을 욕한 자'를 처벌하는 규정에 대해 그 적용범위가 너무 넓어 헌법상 보호되는 표현에도 적용될 가능성이 있어 위헌이라고 판단했습니다. 또한 세계적으로도 모욕죄는 폐지하거나 사문화되고 있는 추세입니다. 따라서 이러한 추세를 감안한다면 한국에서도 언젠가는 모욕죄가 폐지될 가능성이 있습니다. 이처럼 어떤 행위를 가급적 형사처벌 대상에서 배제하려는 입법적 추세를 '비범죄화'라고 합니다. 간통죄에 대한 헌법재판소의 위헌 결정도 비범죄화에 해당합니다. 비범죄화가 된다고 해서 그 행위가 항상 합법인 것은 아닙니다. 비록 형사처벌은 받지 않는다고 하더라도 민사상 불법행위에 의한 손해배상책임을 질 수 있기 때문입니다.

혐오 표현은 마땅히 규제되어야 합니다. 그러나 헌법의 중요한 가치인 표현의 자유를 위축시키는 방향으로 가서는 안 됩니다. 표현의 자유가 위축되면 국민들이 정작 거대한 불의에 대해 비판하고자 할 때 족쇄로 작용할 수 있기 때문입니다. 이처럼 서로 상반되는 가치나 목표 사이에서 균형을 유지하면서 국민의 권리를 지키는 것이 바로 헌법이 추구하는 정신입니다.

여자와 남자가
함께 사는 법

이태영은 한국 최초의 여성 변호사입니다. 이 변호사는 당초 판사가 되고자 했으나 여성이라는 이유로 임용되지 못하고 바로 변호사로 개업을 했습니다. 뿌리 깊은 남녀차별에 맞서 그는 1952년부터 호주제 폐지와 가족법 개정을 주장했습니다. 그가 주도한 호주제 폐지 운동은 그로부터 반세기가 지난 2008년 호적부 폐지 및 가족관계 등록부 실시로 마침내 결실을 맺었습니다.

호주제에서는 호주 지위를 승계할 때 철저한 남성우월주의에 의해서 서열을 부여하였습니다. 어머니와 누나들을 제치고 아들이, 할머니와 어머니를 제치고 유아인 손자가 호주의 지위를 계승하게 됩니다. 여자들은 남자들이 없을 경우 일시적이거나 보충적으로 호주 지위가 주어질 뿐이었습니다. 이러한 호주제도는 원래 일본 무사가문의 법도에서 유래한 것으로 한국의 전통적인 제도도 아니며, 일제 강점기 조선총독부에 의해서 한국에 도입된 것입니다. 그리고 정작 원산지인 일본에서는 2차 세계대전 직후 폐지됩니다. 우리나라의 호주제 옹호론자들은 호주제도가 마치 우리 고유의 제도인 것인 양 주장해 왔고, 많은 사람들이 그렇게 알고 지냈습니다. 호주제에 대한 위헌법률심판청구가 계속해서 제기되었지만 번번이 기각되었습니다. 하지만 뜻있는 학자들의 노력으로 호주제가 일제의 잔재이자 유일하게 대한민국에 남은 봉건적 남녀차별제도라는 것이 증명되었습니다. 헌법재판과 청원 등을 통해서 끊임없이 호주제의 위헌성을 호소한 결과, 마침내 2005년에 헌법재판소에서 헌법불합치 결정이 내려졌습니다.

헌법재판소는 호주제로 인하여 여성이 혼인 전에는 아버지 또는 할아버지의 '가家'에 있다가, 혼인을 하면 남편의 '가'에 입적해야 하고, 남편이 사망하면 아들의 '가'에 소속되게 되는데, 이는 봉건시대의 '삼종지의'를 강요하는 것으로 여성을 존엄한 독립적 인격체로 존중해야 한다는 헌법정신에 반한다고 밝혔습니다.

또한 호주제에서 자녀는 태어나면 당연히 아버지의 '가'에 입적하도록 규정되어 있는데, 이는 자녀를 부계혈통만을 잇는 존재로 간주하는 것으로 자녀가 부모 모두의 혈통을 잇는 존재라는 자연스럽고 과학적인 순리에 반하며, 아버지에 비하여 어머니의 지위를 낮게 둠으로써 여성을 부당하게 차별하는 것이라고 보았습니다.

마지막으로 호주제는 혼인과 가족생활 당사자의 복리나 선택권을 무시한 채 남계혈통 중심의 가의 유지와 계승이라는 관념에 뿌리박은 특정한 가족관계 형태를 일방적으로 강요하는 것으로 혼인과 가족생활에서 개인의 존엄을 존중하라는 헌법 제36조 제1항의 요구에 부합하지 않는다고 판단했습니다.

호주제 폐지는 우리나라의 가족관계에 많은 변화를 가져왔습니다.

첫째, 가족의 범위가 기존의 배우자, 직계혈족 및 형제자매는 물론이고 생계를 같이하는 며느리와 사위, 장인, 장모, 시아버지, 시어머니, 처남, 처제까지 포함하게 되었습니다.

둘째, 부모가 혼인신고 시 자녀가 어머니의 성과 본을 따르도록 협의한 경우에는 어머니의 성을 따를 수 있게 되었습니다. 또한 친양자제도의 도입으로 새아버지의 성을 따르는 길도 열렸습니다.

셋째, 가족관계등록부는 호주 대신 본인을 기준으로 하여 출생, 입양, 혼인, 이혼, 사망 등 출생부터 사망할 때까지의 신분관계의 변동사항이 모두 기록됩니다. 여성이 결혼하면 과거처럼 남편 호적에 입적하는 대신 자신의 가족관계등록부에 배우자의 인적사항을 기재할 뿐이며, 자녀 역시 아버지의 호적에 들어가는 대신에 자신의 가족관계등록부에 부모의 인적사항을 기재합니다. 가족관계등록부에서 신분변동 사항은 본인에 관한 것만 기재되고, 부모 등 가족의 신분변동 사항은 기재되지 않습니다. 따라서 부모의 이혼이나 재혼 등의 사실이 기재되지 않기 때문에 사회적 편견으로부터 벗어날 수 있게 되었습니다.

이러한 사실들은 오늘날 당연한 것으로 여겨지고 있습니다. 젊은 이들은 과거에 호주제도가 있었는지도 모르는 경우가 많습니다. 하지만 이 당연한 일들이 과거에는 오히려 '미풍양속과 전통문화에 반하는 것'으로 이런 주장을 입에 올리는 것조차 금기시되었습니다. 만약 이태영 변호사와 같은 선구자가 없었다면 아직도 우리는 봉건적인 신분제도를 숙명처럼 여기면서 살고 있었을지도 모릅니다.

그러나 우리 사회에는 아직도 뿌리 깊은 남녀차별적 요소가 여전히 남아 있습니다. 남녀 간의 임금격차는 물론이고 아직도 '여직원'은 사무실의 허드렛일을 도맡아 해야 한다고 생각하는 사람들이 있습니다. 페미니스트라는 말이 종종 자기주장이 강한 여성을 비하하는 말로 쓰이는가 하면, 심지어 여성혐오 현상도 만만치 않습니다. 이에 대한 반발, 즉 '미러링'으로 일부 젊은 여성들 사이에서는 남성혐오적인 문화현상까지 나타나고 있습니다. 놀라운 것은 여성에 대한 편견을 가진 사람들이 정치 성향과 무관하게 분포한다는 사실입니다. 이는 성차별이 정치 성향과 무관하게 한국 남성의 문화 저변에 널리 잔존하고 있다는 것을 말해 줍니다. 마치 우리나라가 민주공화국을 지향하고 있지만 여전히 사람 중심적인 '권력의 인격화'를 극복하지 못하고 있는 것과 같습니다.

지금도 우리 사회에는 양성평등을 위해 노력하는 제2, 제3의 이태영 변호사들이 있습니다. 그들은 여전히 오해와 편견과 경계의 대상입니다. 만약 이태영 변호사라면 오늘의 한국사회를 어떻게 진단할지, 그리고 어떻게 행동할지 궁금합니다. 이태영 변호사가 즐겨 인용했던 올랭프 드 구주를 통해서 우리는 그의 생각을 좀 더 깊이 이해할 수 있을 것입니다.

프랑스 혁명기에 여성운동가로 여성 참정권을 주장했던 올랭프 드 구주는 여성이 사형대에 오를 권리가 있다면 국회의사당 연단 위에 오를 권리도 당연히 있다는 유명한 말을 남겼습니다. 그는 마리 앙투아네트가 처형된 지 한 달도 채 안 되어 단두대에서 생을 마감해야 했습니다. 죄목은 그가 군주제를 옹호했다는 것이었습니다. 실제로 그는 루이 16세와 마리 앙투아네트에 대한 경외감을 가지고 있었다고 합니다. 그렇다고 해서 그가 프랑스혁명을 거부한 것은 아니었으며 오히려 혁명을 열렬히 지지했습니다. 흑인노예제를 반대하고 〈인간과 시민의 권리 선언〉에 대응하는 〈여성과 여성 시민의 권리 선언〉을 발표할 정도로 열렬한 여성해방론자였습니다. 선언문 마지막 챕터의 제목은 '남성과 여성 간의 사회적 계약'인데 이는 루소의 사회계약론에서 착안한 것으로 부부의 재산은 동등하게 분배되어야 하고, 그들이 어느 계층 출신이든 재산은 부부와 자녀들에게 귀속되어야 한다는 것을 내용으로 합니다. 그의 구상은 당시 프랑스 국회에 의해서 받아들여지지 않았지만 결국은 200년 뒤에 실현되었습니다.

법과 도덕의
불편한 진실

한 여성이 괴한으로부터 성폭행을 당했습니다. 정신적인 충격으로 깊은 절망과 우울감에 빠진 피해 여성은 며칠 후 자살을 했습니다. 이 경우에 범인은 어떤 죄목으로 처벌을 받아야 할까요? 성폭행은 형법상 강간에 해당합니다. 따라서 강간죄로 처벌받는 것은 당연합니다. 형법은 강간에 대하여 "폭행 또는 협박으로 사람을 강간한 자는 3년 이상의 유기징역에 처한다"고 규정하고 있습니다. 문제는 피해 여성의 자살에 대한 책임까지 범인에게 지울 수 있느냐 하는 것입니다. 형법은 강간살인과 강간치사를 구별하여 처벌하고 있습니다. 강간살인은 강간범이 피해자를 '살해한 경우'로 사형 또는 무기

징역에 처합니다. 반면 강간치사는 강간으로 피해자를 '사망에 이르게 한 경우'로 무기 또는 10년 이상의 징역에 처합니다. 이 사건에서 범인은 피해자를 고의적으로 살해한 것은 아닙니다. 따라서 강간살인에는 해당하지 않습니다. 그러나 범인의 범죄 행위로 여성이 우울증에 시달리다가 자살을 했으므로 강간치사에 해당한다고 볼 수는 있지 않을까요? 도덕적인 관점에서 본다면 성폭행이 원인이 되어 여성이 자살을 했으니까 당연히 강간치사죄로 처벌을 해야 맞을 것 같습니다. 하지만 법원은 이러한 경우에 강간치사죄를 인정하지 않습니다. 성폭행과 자살 사이에 직접적인 인과관계가 없고 자살이라는 결과를 범인에게 귀속시킬 수 없기 때문이라는 것이 그 이유입니다. 이러한 법원의 태도는 사회의 일반적인 도덕관념과는 동떨어진 것이어서 선뜻 납득하기가 어렵습니다. 이 사례를 통해서 우리는 법과 도덕의 불일치를 실감할 수 있습니다.

우리는 어렸을 때부터 '정직해야 한다'거나 '거짓말 하지 말라'고 배웁니다. 그렇다면 법은 어떨까요? 예컨대 형사소송 절차에서의 진술거부권을 살펴봅시다. 진술거부권은 형사상 자기에게 불리한 진술을 강요당하지 않을 권리로 헌법상의 권리입니다. 이에 따라 검사나 사법경찰관은 피의자를 신문하기 전에, 일체의 진술을 하지 않거나 개개의 질문에 대하여 진술을 하지 않을 수 있다는 것, 진술을 하

헌법, 우리에게 주어진 놀라운 선물

지 않아도 불이익을 받지 않는다는 것, 진술거부권을 포기하고 행한 진술은 법정에서 유죄의 증거로 사용될 수 있다는 것, 신문을 받을 때 변호인의 조력을 받을 수 있다는 것의 네 가지를 반드시 고지해야 하며, 이를 고지하지 않고 신문한 경우에 그 진술을 기재한 피의자의 신문조서는 증거 능력이 없습니다. 따라서 자기에게 불리한 사실을 솔직하게 말하는 자는 처벌받게 되고, 사실을 감추는 자는 처벌을 면할 수 있게 되는 것입니다. 나아가 형사피의자가 수사기관에게 또는 형사피고인이 법정에서 자기 사건에 대하여 거짓말을 하거나 진술을 번복해도 이 때문에 처벌받지는 않습니다. 이는 제3자가 증인선서를 하고 증언대에 서서 거짓말을 하는 경우에 위증죄로 처벌받는 것과 대비됩니다. 또 자기의 범죄 행위와 관련된 증거를 없애거나 숨겨도 증거인멸죄로 처벌받지 않습니다. 증거인멸죄는 다른 사람의 범죄행위와 관련된 증거를 없애야 성립됩니다. 이러한 법의 태도는 사람이 범죄를 저질렀을 때 그 사실을 숨기려고 하는 것이 당연하다는 성악설적 관점에 서 있기 때문입니다. 동양의 법가사상도 인간의 본성은 악하다는 성악설에 기반하고 있었다는 점을 떠올리면 성악설은 동서고금을 불문하고 법의 저변에 깔려 있는 전제라고 볼 수 있습니다.

정직해야 한다는 도덕률과 정직하면 오히려 처벌하는 법, 그래서 법과 도덕의 관계는 법철학에서도 가장 어려운 문제에 속합니다. 법학자들은 법과 도덕의 관계를 규명하기 위해서 오랫동안 골치를 썩었지만 아직도 완전히 해결되지는 않았습니다.

흔히 법은 '도덕의 최소한'이라고 말하는데, 이것도 정확하지는 않습니다. 왜냐하면 법은 때때로 주제넘게 가혹한 도덕을 요구하기도 하기 때문입니다. 예컨대 우리나라의 형법은 존속살해죄를 일반살인죄보다 무겁게 처벌하는데, 그 이유는 자식의 패륜성을 강하게 응징할 필요가 있다는 엄격한 유교관념에 따른 것입니다. 그러나 존속살해는 부모가 자식에게 장기간에 걸쳐 가혹행위를 하는 등 오히려 부모의 패륜성이 문제가 되어 발생하는 경우가 많습니다. 그럼에도 존속살해를 가중처벌하는 것은 일반적인 도덕률보다 한 걸음 더 나아간 것입니다.

또한 간통의 경우 최근 헌법재판소의 위헌결정으로 폐지되기는 했지만, 그동안 간통죄를 처벌한 것은 국가가 개인 간의 애정관계에 개입하여 국가형벌권을 행사함으로써 도덕의 영역을 법이 과도하게 침범한 것이라고 볼 수 있습니다. 따라서 법이 도덕의 최소한이라는 것은 현실적으로 반드시 옳은 표현은 아닙니다. 그렇다면 당장은 법이 최소한의 도덕은 아니지만 그렇게 되는 것을 목표로 해야 할까요? 만약 그렇다면 법은 도덕을 실현하기 위한 하나의 수단이 되어야 한다는 것을 뜻하는데, 이 또한 분명한 것은 아닙니다. 법은 도덕과 무관한 공공질서나 공익의 실현 또는 어떤 국가의 목표를 달성하기 위해서 존재하는 경우도 있기 때문입니다.

그렇다고 해서 법과 도덕이 전혀 무관하냐 하면 그렇지도 않습니다. 이처럼 법과 도덕의 문제는 풀기 어려운 수수께끼와 같아서 일찍이 독일 법학자 예링은 이 문제를 '법철학의 케이프 혼'이라고 했습니다. 케이프 혼은 남미대륙 최남단의 곶※으로 강풍과 큰 파도, 빠른 해류와 유빙 때문에 항해하기에 매우 위험한 곳이며 이 때문에 선원들의 무덤으로 알려졌습니다. 법철학자 심헌섭은 법과 도덕의 문제는 법 개념 자체에 관한 문제라면서, 법과 도덕은 때로는 서로 일치하기도 하고, 서로 보완적이기도 하며, 때로는 긴장관계에 놓여 있기도 하고, 나아가 서로 독자적인 길을 걷기도 했다고 설명하고 있습니다. 다만 그는 "만약 법이 절대로 무시할 수 없는 어떤 기준이 되는 도덕이 존재한다면, 그러한 도덕을 무시하는 법이 도대체 효력을 가질 것인가"라는 질문을 제기합니다.

인간의 행동을 규율하는 것은 법과 도덕 그리고 종교가 있습니다. 고대에는 이 세 가지가 한 몸이었습니다. 종교가 곧 법이고 도덕이었기 때문입니다. 그러나 사회가 발전하고 분화되면서 이 세 가지도 쪼개지게 된 것입니다. 법은 국가권력에 의한 강제력이 있다는 점에서 도덕이나 종교와 구별됩니다. 도덕은 강제성이 없는 개인의 내면적이고 윤리적인 가치라는 점에서 법과 구별되며, 피안의 세계를 전제하지 않는다는 점에서 종교와 구별됩니다. 반면 종교는 현실을 뛰어넘는 어떤 궁극의 가치를 지향한다는 점에서 법이나 도덕과 구별됩니다. 법과 도덕은 어쩌면 서로 중력을 주고받는 달과 지구의 관계 같은 것인지도 모릅니다.

로봇과 인공지능의
시대

2016년 구글의 인공지능 바둑프로그램 '알파고'가 이세돌 9단과의 대국에서 승리하면서 인공지능의 위력에 대한 관심이 높아졌습니다. 알파고는 수천 대의 클라우드 컴퓨터를 연결하여 방대한 연산을 수행하는데, 그 기본원리는 인공지능의 한 분야인 '머신러닝(기계학습)'입니다. 머신러닝은 페이스북 얼굴인식, 자동번역기, 무인자동차, 스팸메일 필터링, 추천광고 등 이미 우리 생활 깊숙이 들어와 있습니다.

기존의 컴퓨터 프로그램이 미리 짜인 절차에 따라서만 작동하는 것과 달리 머신러닝은 수많은 데이터에서 스스로 패턴을 파악하여 결과를 예측합니다. 이 점에서 머신러닝은 인간이 사물을 인지하고 대책을 세우는 메커니즘과 상당히 유사한 점이 있습니다. 실제로 머신러닝의 개발과정에서 인간의 추론 방식을 많이 차용했다고 합니다.

머신러닝은 크게 세 단계로 나뉩니다.

첫째, 지도학습입니다. 머신러닝 프로그램에 교육용 데이터를 입력한 후 이를 바탕으로 특정한 데이터를 주었을 때 결과를 확률론적으로 예측하도록 하는 과정을 지도학습이라고 합니다. 예컨대 수많은 고양이 사진을 입력하면서 컴퓨터에게 고양이 사진이라는 것을 알려 주어(레이블링) 다른 고양이 사진을 입력했을 때도 그것이 고양이라는 것을 판별할 수 있게 하는 것입니다. 알파고의 경우에 학습용 데이터는 16만 장의 기보와 3천만 개의 착점 분석 데이터였습니다. 알파고의 지도학습을 정책망 지도학습이라고 부릅니다.

둘째, 비지도학습입니다. 비지도학습은 지도학습으로 획득한 데이터를 토대로 대량의 무작위 정보에 노출시킨 다음 그 데이터들 가운데서 어떤 패턴을 추출해 내도록 하는 과정입니다. 즉, 레이블링이 안 된 고양이 사진을 포함한 수많은 사진을 입력하면서 그중에서 고양이 사진의 패턴을 찾도록 하는 것이 비지도학습입니다. 구글은 비지도학습 머신러닝을 통하여 유튜브 동영상에서 고양이를 찾아내는 기술을 확보했다고 합니다.

헌법, 우리에게 주어진 놀라운 선물

셋째, 강화학습입니다. 강화학습은 행동주의 심리학의 영향을 받은 머신러닝의 한 분야로 소프트웨어에이전트(인간의 일을 대신하는 소프트웨어)가 받는 보상을 최대화하려면 어떤 조치를 취해야 하는지 스스로 찾아내는 과정을 말합니다. 알파고의 경우 셀프 대국을 통해서 승리하면 보상을 받고(+1) 패하면 감점을 당하는(-1) 방식으로 진행하였으며, 그 결과 지도학습 단계에서보다 승률이 80퍼센트 향상되었습니다. 아울러 결과 예측을 강화하기 위해 셀프 대국으로 확보된 기보를 바탕으로 승률을 파악하고 각각의 착점에 가중치를 부여해 다음 대국에 응용하게 함으로써 성능을 더욱 높였습니다. 셀프 대국을 통한 강화학습을 정책망 강화학습이라고 하고, 승률을 파악하여 가중치를 부여하는 것을 가치망 강화학습이라고 합니다.

머신러닝은 데이터 처리의 법칙(함수)을 미리 프로그램하지 않아도 수많은 데이터를 통해서 컴퓨터가 스스로 규칙과 패턴을 발견하여 필요한 결과를 예측할 수 있기 때문에 과업 수행에 들어가는 많은 시간과 노력을 절약할 수 있습니다. 특히 이것이 로봇 또는 사물인터넷과 연결되면 전 세계의 무수히 많은 데이터를 접하게 되어 인간을 능가하는 정확도와 분석력을 가진 인공지능을 가능하게 할 수 있습니다. 인공지능이 인간의 능력을 능가하는 시점을 특이점이라고 부릅니다. 만약 이 특이점을 돌파하면 인공지능이 어디까지 발전할지 지금으로서는 상상조차 어렵습니다. 이 때문에 인공지능을 둘러싸고 찬반양론이 격돌하고 있습니다.

테슬라 CEO 엘론 머스크는 전쟁이 자동화되면 AI의 선제공격으로 3차 세계대전이 일어날 수도 있다고 경고했습니다. 그는 인공지능이 인류문명에 대한 근본적 위협이 될 것이라며 조속히 인공지능 규제 법안을 만들어야 한다고 촉구했습니다. 이에 대해서 페이스북 CEO 마크 저커버그는 기술은 좋은 일에도 나쁜 일에도 쓰일 수 있다면서 "인공지능 회의론자나 종말론 시나리오를 선전하는 사람을 이해할 수 없다. 너무 부정적이며, 어떤 의미에서는 정말 무책임하다고 생각한다"고 엘론 머스크를 비판했습니다. 이에 대해서 엘론 머스크는 "이 문제에 대한 그의 이해는 제한적이다"라며 반박했습니다. 세계 최고의 IT업체 CEO들 간에 날선 논쟁이 벌어진다는 것은 그만큼 인공지능이 우리의 미래에 심대한 영향을 미칠 수 있다는 사실의 방증이기도 합니다.

인공지능의 발달과 인공지능이 탑재된 기계, 특히 로봇의 고도화는 우리 사회에 엄청난 변화를 가져올 것으로 예측됩니다. 우선 수많은 일자리가 사라져서 실업자들을 양산할 수 있습니다. 2015년 일본의 노무라종합연구소가 발표한 보고서에 따르면, 일본 군내 600여 개의 직업 가운데 향후 10~20년 사이에 49퍼센트가 인공지능이나 로봇으로 대체될 수 있다고 합니다. 인공지능 때문에 일자리를 잃은 실업자들에게는 인공지능이 할 수 없는 분야 또는 인공지능과 관련된 새로운 기술을 가르쳐야 하는데, 두 가지 모두 쉬운 일이 아닙니다. 또 네트워크로 전 세계와 연결된 인공지능이나 로봇에 만약 잘못된 프로그램이 입력되거나 바이러스가 전파될 경우에는 엄청난 재앙으로 이어질 수 있으며, 인공지능 로봇에 의한 전쟁 자동화는 무차별 살상으로 이어질 가능성을 배제할 수 없습니다.

세계 각국은 로봇과 인간이 공존하는 사회인 '로봇공존사회'에 대비하기 위해 다양한 연구와 대비책 마련에 돌입했습니다. 유럽연합은 정교한 자율성을 가진 로봇에 대하여 '전자적 인간'이라는 새로운 법적 지위를 부여하는 방안을 검토 중이며, 로봇의 형사책임능력이나 로봇의 창작물에 대한 저작권 인정 가능성 등과 같은 새로운 이슈에도 대비하고 있습니다. 최근 우리나라 국회에서는 로봇기본법안이 발의되어 화제가 되었습니다. 박영선 의원이 대표발의한 이 법안은 로봇과 로봇 관련자가 준수해야 하는 가치를 로봇윤리규범으로 명문화하고, 로봇 보편화에 대한 사회적 수용과정에서 발생할 것으로 예상되는 다양한 문제를 다루는 정책 추진기구 등의 설치에 관한 사항을 담은 기본법을 마련함으로써 로봇과 인간이 조화롭게 공존하는 새로운 사회에 대비하는 것을 목표로 하고 있습니다.

이 법안에서 말하는 로봇은 "외부환경을 스스로 인식하고 상황을 판단하여 자율적으로 동작하는 기계장치 또는 소프트웨어"라고 정의되어 있습니다. 따라서 인공지능도 이 법에서 말하는 로봇에 포함됩니다. 이 법안은 국가로 하여금 로봇에 대하여 특정 권리와 의무를 가진 전자적 인격체로서의 지위 부여, 로봇에 의한 손해가 발생한 경우 책임 부여 및 보상 방안 등과 관련한 정책을 마련하도록 의무화하고 있습니다. 또 로봇윤리규범에 관한 사항과 로봇의 설계자, 제조자, 사용자가 준수하여야 할 윤리원칙을 정하고 로봇공존사회의 도래에 따른 교육, 고용, 복지 등 사회 각 분야의 미래 변화를 예측하고 대응하도록 하였습니다. 아울러 사회적 약자들이 로봇과 로봇기술 이용의 기회를 누리고 혜택을 향유할 수 있도록 정부가 대책을 마련하도록 하였습니다. 앞으로 인공지능과 로봇이 펼쳐갈 새로운 세상이 어떤 모습일지 우리는 아직 모릅니다. 그러나 그에 대한 준비는 이미 시작되고 있습니다.

환경오염으로부터
우리를 지키려면

1987년 2월 멕시코의 수도 멕시코시티. 스릴러 영화의 한 장면처럼 갑자기 새들이 비처럼 떨어지기 시작했습니다. 매연과 분진으로 인한 대기오염이 하늘을 날던 수천 마리의 새들을 죽게 한 것입니다. 산업혁명과 더불어 시작된 대기오염은 20세기 초부터 인류의 건강을 위협하는 새로운 재앙이 되었습니다. 1909년 영국의 글래스고와 에든버러에서는 안개와 매연이 섞인 스모그로 1천 명 이상의 사상자가 발생했습니다. 이때부터 스모크(연기)와 포그(안개)의 합성어인 스모그 현상이라는 말이 널리 쓰이기 시작했습니다. 런던의 스모그 현상은 1952년 1만 2천 명의 사망자를 내면서 극에 달했습니다. 스모그 현상이 발생한 처음 3주 동안 4천 명이 사망했고, 이후 폐렴 등의 후속 증세로 8천 명이 더 사망했습니다.

런던 스모그의 주범은 아황산가스였습니다. 공장이나 가정, 차량에서 배출되는 이산화황이 대기 중의 산소와 반응하여 삼산화황이 되고 이것이 안개를 구성하는 수분과 반응하여 아황산가스가 형성되는데, 이것이 런던형 스모그의 주성분입니다. 1952년 런던 스모그 대참사 이후 영국 정부는 '비버위원회'를 조직하여 대기오염의 실태를 파악하고 대책을 마련하는 데 본격적으로 착수했습니다. 1956년에는 연구결과를 바탕으로 '대기오염청정법'을 제정하였습니다. 가정용 난방은 석탄에서 천연가스로 대체하였고, 차량 연료도 탈황 휘발유를 사용하도록 의무화했습니다. 그 결과 런던의 대기질은 점진적으로 개선되었고, 오늘날은 전 세계 주요 도시 가운데 비교적 깨끗한 공기를 가진 도시로 거듭났습니다. 런던 스모그 사례는 대기오염의 무서움과 더불어 인간이 노력하면 환경오염을 극복할 수 있다는 소중한 교훈을 알려 주고 있습니다. 문제는 런던 스모그의 교훈에도 불구하고 전 지구적인 대기오염과 이로 인한 지구온난화가 지속적으로 악화되고 있다는 사실입니다. 이로 인한 생태계파괴, 해수면상승, 사막화, 식량감소, 질병유발 등은 인류의 생존을 위협하고 있습니다.

영화 《인터스텔라》는 기후변화와 사막화로 더 이상 지구에서 살

수 없게 된 사람들이 지구와 비슷한 새로운 행성을 찾아 나서는 이야기입니다. 영화 속에서는 끝없이 펼쳐진 옥수수 밭에 극심한 모래바람이 불어대는 장면이 반복해서 나옵니다. 아이들은 호흡기 질환으로 고통을 받습니다. 대기오염이 가져올 인류의 우울한 미래상입니다. 《사이언스》지 2009년 1월 9일자에는 다음과 같은 기사가 실렸습니다.

세계기상기구(WMO)는 높아진 온실가스 농도가 금세기 말까지 아열대 지역의 건조를 가져와 농업에 광범위한 스트레스를 준다고 결론지었다. 비록 아열대농업지역의 늘어난 가뭄 위협은 많은 주목을 받고 있지만 열대 및 아열대지역의 계절평균 기후변화의 잠재적인 영향은 종종 간과되어 왔다. 이들 지역의 수확량에 기반한 주요 곡물들의 실험적 모델에 의하면 계절 기온이 $1°C$ 상승할 때마다 2.5~16퍼센트의 직접적인 생산 감소를 가져오는 것으로 나타났다. 높아진 평균기온으로 인한 해수면 상승과 토양수분 감소로 대규모 추가손실이 예상된다. 비록 계절별 기온상승이 온대지역 농업에 이익을 줌으로써 결핍지역에 식량을 공급할 수 있다고 해도, 중위도 지방은 적절한 대책이 마련되지 않는 한 매우 높은 기온으로 인해 고통받게 될 것이다. 글로벌 기후변화는 이처럼 광범위한 식량 불안정의 위협을 제기하고 있다.

이제 기후변화는 인간이 먹고사는 문제까지 좌우할 만큼 중요한 현안이 되었습니다. 이 문제는 한 나라의 힘만으로 해결할 수 없기 때문에 개별 국가 차원의 노력은 물론 유엔과 같은 국제사회가 함께 노력하는 것이 보다 중요합니다. 국립환경과학원과 미항공우주국NASA이 2016년 5~6월에 서울올림픽공원에서 측정한 초미세먼지의 48퍼센트가 국외에서 유입된 오염물질에서 비롯됐다는 조사 결과가 있습니다. 이 수치는 초미세먼지 농도가 높지 않은 특정 시기에 특정 지역에서 이뤄진 조사를 바탕으로 했다는 한계가 있지만 환경부가 지금까지 제시한 초미세먼지 국외 유입률(연간 30~50퍼센트, 고농도 시 60~80퍼센트) 범위 내에 있다는 점에서 신뢰할 만합니다. 물론 여기서 말하는 '국외'는 중국을 의미합니다. 따라서 한국의 미세먼지 문제를 해결하려면 절반의 원인 제공자인 중국 측과의 공동 노력이 절실합니다. 중국의 미세먼지가 심각한 이유는 급속한 산업화와 더불어 석탄 연료의 의존율이 높기 때문입니다. 환경부 자료에 따르면, 우리나라는 국외 유입 미세먼지 문제해결을 위해 2014년 7월 '한중 환경협력 양해각서'를 체결하여 실시간 측정자료 공유와 대기오염 발생원인 규명 등 연구 협력사업과 양국 과학기술의 인력교류를 진행하기로 했습니다. 또한 2015년 6월에는 베이징에 한중 대기질 공동연구단을 구성하여 대기오염 원인을 함께 규명하고 미세먼지 예보모델을 연구하고 있는 중입니다. 2016년부터는 중국의

헌법, 우리에게 주어진 놀라운 선물

제철소, 석탄화력발전소 등을 대상으로 한국의 우수기술을 적용한 미세먼지 저감 실증사업을 진행하여 2016년 12월에 산동성, 하북성, 산서성, 섬서성 4개 지역에서 사업계약을 체결했습니다. 이 밖에도 국내 우수 배출가스 저감장치DFP를 중국 현지의 노후화된 경유차에 적용하여 중국발 미세먼지를 줄이고 국내 환경기업의 수출을 촉진하는 시범사업을 하고 있습니다.

우리 헌법은 모든 국민이 건강하고 쾌적한 환경에서 생활할 권리를 가지며, 국가와 국민은 환경보전을 위하여 노력해야 한다고 하여 환경권을 보장하고 있습니다. 헌법재판소는 환경권이 "건강하고 쾌적한 생활을 유지하는 조건으로서 양호한 환경을 향유할 권리이고, 생명과 신체의 자유를 보호하는 토대를 이루며, 궁극적으로 '삶의 질' 확보를 목표로 하는 권리"라고 정의하고 있습니다. 국민은 국가로부터 건강하고 쾌적한 환경을 향유할 수 있는 '자유'를 침해당하지 않을 권리를 행사할 수 있고, 일정한 경우 국가에 대하여 건강하고 쾌적한 환경에서 생활할 수 있도록 요구할 수 있는 권리가 인정된다고 밝혔습니다.

환경문제와 관련하여 최근 뜨거운 감자로 등장한 것이 원자력입니다. 원자력발전소는 만일 지진이나 고장 등으로 사고가 발생하면 방사능 유출로 인해 커다란 피해가 우려됩니다. 따라서 원자력을 줄이고 대체에너지로 전환해야 한다는 목소리가 높아지고 있습니다. 태양광발전, 풍력발전, 조력발전 등이 그 대표적인 예입니다. 물론 우리나라가 대체에너지를 이용하기에는 일조량이나 풍력 등의 자연 조건이 충분히 뒷받침되지 않는다는 지적도 있습니다. 이웃 중국은 급증하는 에너지 수요와 대기오염을 줄이는 두 마리 토끼를 잡기 위해 원자력발전소를 오히려 대폭 증설하고 있습니다. 중국은 2015년 8월까지 26기의 원자력발전소를 가동 중이고 앞으로 43기를 추가 건설할 예정입니다. 중국의 원자력발전소는 대부분 한국과 마주하고 있는 황해 연안에 설치되어 있습니다. 이 지역에서 원전사고가 발생하면 방사성물질은 기류를 타고 바로 한국으로 유입됩니다. 따라서 우리만 원자력발전소를 동결한다고 원전 위협이 완전히 사라지는 것은 아닙니다. 과연 우리 정부가 중국 정부를 상대로 원전 중단을 요구할 수 있을까요? 만약 중국에 전기가 부족해지면 한국은 물론 세계경제에도 막대한 타격을 입히게 될 것입니다. 이처럼 원자력에너지는 양날의 칼처럼 위험합니다. 유럽을 비롯한 선진국은 원자력에너지를 줄이고 신재생에너지를 늘리는 방향으로 나아가고 있습니다. 무엇보다 가장 시급한 것은 보다 철저하고 투명한 관리로 현재의 원자력발전소를 안전하게 운영하는 것입니다.

헌법, 우리에게 주어진 놀라운 선물

살아 있는
모든 것은
소중하다

법적으로 동물은 '물건' 취급을 받아 왔습니다. 그래서 동물을 다치게 하거나 죽게 하면 '재물손괴'로 처벌을 받습니다. 그러나 최근 들어 동물을 무생물인 물건으로 취급하는 것은 옳지 않다는 비판이 일고 있습니다. 사람들에게 웃음을 안겨 주고 외로울 때 친구가 되어주는 반려동물의 확산은 이 같은 인식을 바꾸는 데 한몫했습니다. 반려견이나 반려묘를 가족의 일부처럼 생각하는 사람들도 점점 늘어나고 있습니다.

영국의 제레미 벤담은 1870년에 동물도 사람과 똑같이 존중받을 권리가 있다고 주장했습니다. 영국 의회는 1822년에 동물복지법을 통과시켰으며, 1876년에 동물학대방지법을 제정했습니다. 독일은 1990년에 민법 개정으로 동물은 물건이 아니라는 것을 명시했고, 이어서 2002년에 헌법을 개정하여 세계 최초로 동물권을 헌법에 명시했습니다.

국가는 미래 세대를 위한 책임으로서, 헌법질서의 범위 내에서 입법을 통하여 그리고 법률 및 법이 정하는 바에 따라 행정과 사법을 통하여 자연적 생활기반과 동물을 보호한다."(독일기본법 제20a조)

이렇게 보니 서양 사람들이 유독 동물을 사랑하는 것 같지만, 사실 동물애호의 발상지는 동양입니다. 동양은 불교의 영향으로 고대 때부터 동물을 함부로 죽이는 것을 법으로 금지한 사례가 적지 않습니다.

신라 법흥왕은 서기 519년에, 성덕왕은 서기 711년에 살생금지령을 공포하였습니다. 미륵사를 창건한 백제 법왕은 서기 599년에 살생을 막기 위해 백성들에게 그물을 비롯한 어업 도구들을 태우도록 명하고 사냥용 매를 풀어 주었습니다. 불교국가였던 고려는 당연히 동물 도살을 법으로 금지하였고, 이에 따라 고려인들은 육식을 멀리하고 점차 채식 위주의 식생활을 하게 되었습니다. 중국에서는 북송의 휘종이 1102년에 개 도축을 금지하였고, 일본은 에도막부의 5대 쇼군 도쿠가와 쓰나요시가 1687년에 '생명체를 가엾게 여기는 령'이라는 이른바 '겐로쿠 살생금지령'을 발령합니다. 겐로쿠 살생금지령은 단행법이 아니라 여러 개의 관련 법령을 함께 일컫는 말이었습니다. 여기에는 재미있는 일화들이 많습니다. 개띠였던 쓰나요시는 특히 개를 좋아해서 100마리의 개를 키웠는데, 개 도살을 막기 위해 모든 개를 관청에 등록하도록 의무화했습니다. 또 개를 학대하는 사람을 신고하면 포상을 하기도 했습니다. 오죽하면 이 법에 불만을 품은 사람이 쓰나요시에게 최고급 개 가죽 20장을 선물로 보냈을 정도였습니다. 겐로쿠 살생금지령은 개뿐만 아니라 여타의 포유류, 어패류, 곤충 등 모든 생물체에 적용되었습니다. 다만 중국인, 유럽인이 많이 거주하는 나가사키에는 이 법을 적용하지 않았다고도 합니다.

원시시대에 동물은 인간을 공격하는 무서운 존재였지만 인간이 사냥도구를 발명하면서 점차 인간은 동물을 지배하게 되었습니다. 동물은 인간의 중요한 영양 공급원이 되었고, 노동력이나 값비싼 가죽을 제공하기도 했습니다. 개나 고양이 같은 동물은 인간의 친구 역할까지 하게 되었습니다. 그런데 20세기에 들어와서 인간은 동물을 비인도적으로 대하기 시작했습니다. 수많은 야생동물이 멸종되거나 멸종 위기에 처했습니다. 공장식 축산의 도입으로 가축들은 꼼짝할 수 없는 좁은 우리에 갇혀 지내고 있습니다. 암컷들은 자연적인 출산주기를 무시당한 채 호르몬 조절에 의해 강제로 임신과 출산에 시달려야 하고, 새끼들은 태어나자마자 어미에게서 떼어져 도살장으로 끌려갈 날을 기다리는 신세가 되었습니다.

2013년 한국의 녹색당은 축산법에 의한 공장식 축산이 사람들에게 충격과 고통을 주기 때문에 인간으로서의 존엄과 행복추구권을 침해하고, 이렇게 생산된 축산물을 섭취하는 인간도 각종 질환에 시달리게 되어 생명이나 신체의 안전 및 보건에 관한 권리와 소비자의 권리, 아울러 환경권도 침해한다는 이유로 헌법재판소에 헌법소원심판을 청구하였습니다. 이에 대해서 헌법재판소는 축산법 관련 규정은 가축 사육시설의 환경이 열악해지는 것을 막는 최소한의 기준으로 그 규제 정도는 점진적으로 강화되고 있으며, 따라서 이들 조항만으로 곧바로 가축들의 건강상태가 악화되어 청구인들의 생명이나 신체의 안전이 침해되었다고 보기는 어렵다고 보아서 합헌 결정을 내렸습니다. 다만 헌법재판소는 가축 사육시설의 환경이 지나치게 열악할 경우 그러한 시설에서 사육되고 생산된 축산물을 섭취하는 인간의 건강도 악화될 우려가 있으므로, 국가로서는 건강하고 위생적이며 쾌적한 시설에서 가축을 사육할 수 있도록 필요한 적절하고도 효율적인 조치를 취함으로써 소비자인 국민의 생명이나 신체의 안전에 관한 기본권을 보호할 구체적인 헌법적 의무가 있다고 밝힘으로써 공장식 축산을 개선하는 노력이 필요하다는 점을 인정하였습니다.

동물학대는 인간이 만물의 영장이고 동물은 단지 인간을 위해서 존재할 뿐이라는 이기적인 발상에서 비롯되었습니다. 그러나 과학자들의 연구결과에 따르면, 동물도 인간처럼 희로애락의 감정과 초보적이지만 지능을 가진 존재라는 것이 하나씩 입증되고 있습니다. 인간이 동물을 학대하고 비인도적으로 대한 결과는 부메랑처럼 인간에게 돌아오고 있습니다. 구제역과 같은 전염병은 방목하는 동물에게는 전염되지 않는 것으로 알려져 있습니다. 최근에 문제가 된 살충제 달걀도 공장식 축산을 당하는 닭의 몸에 생기는 진드기를 잡기 위해 살포한 살충제가 문제가 된 것입니다. 방목해서 키우는 닭은 스스로 흙 목욕을 하기 때문에 진드기가 생기지 않습니다. 인간과 동물이 모두 생명의 고귀함을 누리면서 공존하는 지혜가 그 어느 때보다도 절실합니다. 마하트마 간디는 동물을 대하는 태도를 보면 그 사람을 알 수 있다고 했습니다. 동물을 잔인하게 대하는 것은 생명의 존엄성과 공감 능력에 대한 사람들의 자연스러운 감정을 공격하는 것이나 다름없습니다.

개인정보,
함부로 다루면
곤란해요

2017년 5월에 미국의 3대 신용평가회사 가운데 하나인 에퀴팩스가
해킹을 당해 1억 4천3백만 명의 개인정보가 유출되었습니다. 유출
된 정보들은 개인의 생년월일, 사회보장번호, 주소, 신용카드번호 등
입니다. 신용평가회사는 개인의 대출현황, 신용카드 이용명세, 가족
관계, 주택보유현황 등 중요한 개인정보를 보유하고 있기 때문에 이
사건은 커다란 충격을 주었습니다. 신용평가회사의 정보는 개인들
이 직접 제공한 것이 아니라 신용카드 회사, 은행 등 금융기관, 소매
업체, 대출업체 등으로부터 얻은 것이 대부분이어서 해당 정보의 주
체인 개인이 자신의 정보가 유출되었는지조차 모를 수 있기 때문에

헌법, 우리에게 주어진 놀라운 선물

유출 정보가 범죄에 이용될 가능성도 높습니다.

개인정보 유출로 인한 범죄 피해는 그 종류가 다양합니다. 보이스피싱, 대포통장, 대포폰을 이용한 신종사기범죄는 물론이고 납치, 강절도 등 강력범죄에도 악용될 수 있습니다. 보이스피싱의 경우에는 피해자로 하여금 범인이 검찰수사관 등 공직자인 것으로 믿게 하기 위하여 대검찰청 홈페이지에 접속하여 사건등록을 하고 일련번호를 받게 하는 등 그 수법도 점점 지능화되고 있습니다. 또 보편화된 SNS 서비스를 이용하여 타인의 명의로 SNS에 접속한 다음 그 사람과 연결된 사람들에게 급하게 돈을 빌려 달라고 하는 사례도 있습니다.

개인정보 유출이 심각한 사회문제가 된 것은 모든 정보가 디지털화되고, SNS나 블로그 등을 통해서 공개된 개인정보가 증가했으며, 공공기관이나 대기업 등을 통해 수집된 대량의 개인정보가 일거에 해킹당하는 일이 종종 발생하기 때문입니다.

개인정보 보호의 헌법상 근거는 사생활의 비밀과 자유 그리고 인격권입니다. 그리고 이를 구체화하기 위하여 '정보통신망 이용촉진 및 정보보호 등에 관한 법률'은 개인정보를 알려진 범위 또는 약관에 정해진 범위를 넘어 이용하거나, 개인정보를 당사자의 동의 없이 제3자에게 제공한 자 및 직무상 취득한 개인정보를 훼손·침해

또는 누설한 자는 5년 이하의 징역 또는 5천만 원 이하의 벌금에 처하고 있습니다. 또 정보통신망 이용자는 사생활 침해 또는 명예훼손 등 타인의 권리를 침해하는 정보를 유통시켜서는 안 되고, 정보통신서비스 제공자는 자신이 운영·관리하는 정보통신망에 타인의 권리를 침해하는 정보가 유통되지 않도록 노력할 의무가 있습니다. 만약 정보통신망을 통해 공개된 정보로 사생활 침해나 명예훼손 등을 당한 피해자는 정보통신서비스 제공자에게 그 정보의 삭제 또는 반박 내용의 기재를 요청할 수 있습니다.

개인정보 보호를 위해서는 개인정보 자기결정권이 함께 보장되어야 합니다. 개인정보 자기결정권은 자신에 관한 정보가 언제 누구에게 어느 범위까지 알려지고 이용되도록 할 것인지를 정보 주체가 스스로 결정할 수 있는 권리를 의미합니다. 헌법재판소는 개인정보 자기결정권을 사생활 영역의 독자적 기본권으로 인정하고 있습니다. 개인정보 자기결정권의 대상인 개인정보는 개인의 신체, 신념, 사회적 지위, 신분 등과 같이 개인의 인격 주체성을 특징짓는 사항으로 개인의 동일성을 식별할 수 있게 하는 일체의 정보를 말합니다. 반드시 개인의 내밀한 영역이나 사적인 영역에 속하는 정보에 국한되지 않고 공적생활에서 형성되거나 이미 공개된 개인정보도 포함됩니다.

개인정보 자기결정권과 관련하여 우리나라에서는 그동안 주민등록번호가 큰 문제가 되었습니다. 주민등록번호는 단순한 외국의 개인식별번호와 달리 전 국민에게 적용되는 표준식별번호로 기능하기 때문에 개인정보를 통합하는 연결자(key data)로 사용되고 있습니다. 주민등록번호는 한 번 부여되면 변경이 불가능했습니다. 법령에 변경절차가 규정되어 있지 않아서 행정기관에서 변경을 사실상 불허해 왔기 때문입니다. 이 때문에 그동안 주민등록번호가 유출되어 불법적으로 활용될 경우에 당사자의 사생활 침해는 물론 심할 경우 생명, 신체, 재산상의 피해까지도 우려되었습니다. 그러던 중 2013년부터 2014년 사이에 국내 포털사이트와 신용카드 회사의 개인정보 유출사고로 대량의 주민등록번호가 유출되자 이 때문에 피해를 입었다고 주장하는 사람들이 주민등록번호 변경을 지방자치단체장에게 신청하였습니다. 그러나 지방자치단체장들은 주민등록법에 주민등록번호 변경 절차를 규정하지 않고 있는 점을 들어 변경신청을 거부했습니다. 이에 당사자들은 주민등록법 관련조항에 대하여 헌법소원심판을 청구했습니다. 헌법재판소는 주민등록 변경을 불허하는 주민등록법 조항에 대하여 헌법불합치결정을 내렸습니다.

헌법재판소는 이 사건에서 주민등록법이 주민등록번호의 유출 또는 오남용으로 인하여 발생할 수 있는 피해 등에 대한 아무런 고려 없이 주민등록번호 변경을 일체 허용하지 않는 것은 그 자체로 개인정보 자기결정권에 대한 과도한 침해가 될 수 있다고 보았습니다. 설령 국가가 개인정보 보호법 등으로 정보보호를 위한 조치를 취하고 있더라도 주민등록번호를 처리하거나 수집하고 이용할 수 있는 경우가 적지 않고, 이미 유출되어 발생된 피해에 대해서는 뚜렷한 해결책을 제시하지 못하므로 국민의 개인정보를 충분히 보호하고 있다고 보기 어렵다고 판단한 것입니다.

아울러 주민등록번호 변경을 허용하더라도 변경 전 번호와의 연계 시스템을 구축하여 활용하면 개인식별 및 본인 동일성 증명에 혼란이 발생할 가능성이 없고, 일정한 요건하에 객관성과 공정성을 갖춘 기관의 심사를 거쳐 변경할 수 있도록 하면 주민등록번호 변경 절차를 악용하려는 시도를 차단할 수 있으며, 사회적으로 큰 혼란을 불러일으키지도 않는다고 판단했습니다. 이에 따라 2017년 5월 30일부터 행정자치부 산하에 주민등록번호변경위원회가 구성되었고 주민등록번호 변경이 가능해졌습니다. 주민등록번호 변경을 신청할 수 있는 사람은 유출된 주민등록번호로 인하여 생명·신체의 위해危害 또는 재산의 피해를 입거나 입을 우려가 있다고 인정되는 사람, '아동·청소년의 성보호에 관한 법률', '성폭력방지 및 피해자보호 등에 관한 법률', '성매매알선 등 행위의 처벌에 관한 법률', '가정폭력범죄의 처벌 등에 관한 특례법'에 의한 피해자로서 유출된 주민등록번호로 인하여 피해를 입거나 입을 우려가 있다고 인정되는 사람,

그 밖에 이에 준하는 사람으로 대통령령에 정하는 사람입니다. 변경 신청을 받은 주민등록지의 시장이나 군수 또는 구청장은 주민등록 번호변경위원회에 주민등록번호 변경 여부에 관한 결정을 청구하고, 주민등록번호변경위원회로부터 주민등록번호의 변경 결정을 통보받은 시장이나 군수 또는 구청장은 신청인의 주민등록번호를 지체 없이 변경하고 이를 신청인에게 통지하여야 합니다.

개인정보는 네트워크로 연결된 21세기를 살아가는 사람들에게는 분신과도 같은 존재입니다. 따라서 국가는 마땅히 모든 국민이 누리는 헌법상의 권리인 개인정보 보호권, 개인정보 자기결정권을 보호해야 할 것입니다. 아울러 정보주체인 개인들도 자신의 개인정보를 지키기 위한 세심한 주의를 기울일 필요가 있습니다.

아우름 24

헌법,
우리에게 주어진 놀라운 선물

1판 1쇄 발행 2017년 9월 21일
1판 3쇄 발행 2019년 4월 5일

지은이 조유진
펴낸이 김성구

단행본부 류현수 고혁 현미나
디자인 한아름 문인순
제 작 신태섭
마케팅 최윤호 나길훈 유지혜 김영욱
관 리 노신영

펴낸곳 (주)샘터사
등 록 2001년 10월 15일 제1-2923호
주 소 서울시 종로구 창경궁로35길 26 2층 (03076)
전 화 02-763-8965(단행본부) 02-763-8966(마케팅부)
팩 스 02-3672-1873 **이메일** book@isamtoh.com **홈페이지** www.isamtoh.com

© 조유진, 2017, Printed in Korea.

ISBN 978-89-464-2070-0 04360
ISBN 978-89-464-1885-1 04080(세트)

이 도서의 국립중앙도서관 출판시도서목록(CIP)은 e-CIP 홈페이지
(http://www.nl.go.kr/cip.php)에서 이용하실 수 있습니다. (CIP제어번호: CIP2017023710)

값은 뒤표지에 있습니다.
잘못 만들어진 책은 구입처에서 교환해 드립니다.